フェイクニュースを哲学する

――何を信じるべきか

山田圭一
Keiichi Yamada

岩波新書
2033

まえがき

大きな選挙が迫っている。新人候補は現職候補のスキャンダラスなうわさを責めたて、そのなかには現職候補がある組織に操られているといった陰謀論も含まれる。ＳＮＳ上では、両候補の支持者による真偽不明の書き込みが溢れている。新聞が「ファクトチェック」と称してそれらの情報を訂正しているが、そもそも新聞というのは中立の立場で記事を書いているのだろうか。テレビをつければ、「政治学者」を名乗るさまざまな人々が両候補についてコメントしているが、なんだか胡散臭《うさんくさ》い。記者会見でスキャンダルについて質問された現職候補は、「それはフェイクニュースだ！」と気色《けしき》ばむ。それを聞いた新人候補も「あいつの言っていることこそフェイクニュースだ！」と応戦……。それを聞いてまたネットは沸騰している……。さて、私はいったい何を信じればいいのだろう？

「私は何を信じるべきか」という問いは、太古の昔から存在する問いである。占いの結果は信じるべきか、明日雨が降ると信じていいのか、誰の言葉を信じるべきか……。この点で、「私は何を信じるべきか」という問題は、人類の普遍的な課題に連なっている。

しかし、今日われわれを取り巻く現状は昔と、いや一〇〇年前とも大きく変わっている。その最大の要因は、情報伝達手段としてのインターネットの登場であろう。いつどこにいても知りたい情報にアクセスでき、誰とでもつながれる便利さは、いつ誰が発したのかもわからない情報に触れる機会を増大させている。瞬時にたくさんの情報を入手できる効率のよさとひきかえに、われわれは真偽不明の大量の情報に飲み込まれる事態に直面している。人類がこれまで経験したことのないこのような特殊な情報環境のなかで、何が確かなものなのか、何を信じるべきかを私は判断しなければならない。では、その基準はいったいどこにあるのだろうか。

この問いは、哲学の世界で「認識論」と呼ばれる分野において繰り返し問われてきた問いでもあった。有名なところでいえば、デカルトは「何が確かなものなのか」という問いを徹底的に考え抜き、既存の学問的な知識の正しさを疑っただけでなく、暖炉やソファのような、いま目の前に見えている物の存在さえも疑った。そして最終的に疑うことのできない確かなものとして残ったのは、精神としての私の存在だけだった。しかし、孤独な魂としての私だけが残された世界で、私は本当に確かな知識を得ることができるのだろうか。

いや、それは難しいのではないか。われわれは多くの場合、自分の知らないことを他人から教えてもらい、何を信じてよいかを他人と確かめ合うことで、知識を獲得している。認識論では二〇世紀の終わりに、知識がもつこのような社会的な側面を分析する「社会認識論」という分野が確立されてきた。本書では、この社会認識論を中心とした哲学的な観点から「私は何を信じるべきか」という問いへの回答を試みる。そして本書の考察においてやはり重要となるのが、デカルトの時代にはなかったインターネットの存在である。

インターネットは世界中の情報に、瞬時にかつ低コストでアクセスすることを可能にしてくれた。このことがわれわれの知識の獲得にもたらした恩恵は計り知れないが、他方でインターネットによってわれわれと知識との関係が大きく歪められている側面もある。その最たる例がフェイクニュースの蔓延であり、科学否定論や陰謀論などの浸透である。

フェイクニュースについて考えはじめた当初、私はなぜこのようなことを信じる人がいるのか不思議に思っていた。彼ら彼女らは、基本的な知識が欠けていたり、批判的な思考力が欠けていたりするのではないかとも考えた。しかし、すぐに問題はそんなに単純ではないことがわかってきた。そこにはインターネットが本質的にもつ構造的特徴、ネット空間における人間関係や情報伝達のあり方の特徴、人間が共通してもっている認知メカニズム、情報の品質を保証する社会的制度の問題、現状の教育システムの限界、等々、必ずしも本人の資質に帰することのできないさまざまな要因が絡んでいる。

しかし、どうすることもできないのか。このような事態を目の前にして、哲学は何かを言うことができないのだろうか。本書で私は、その「何か」に向けた一歩を踏み出してみたい。

本書は以下のように進んでいく。

まず、「フェイクニュース」は本当に新しい現象といえるのだろうか。序章では、「フェイクニュース」という言葉が何を意味するのかを吟味することを通じて、フェイクニュースという現象にどのような新しい問題が含まれているのかを考察する。

そもそもニュースとは他人から伝えられるものであるが、他人が言っていることはどのくらい信じてよいものだろうか。そして多くの人を通して伝わってくるうわさは、本当に信じてはいけないものなのだろうか。第1章と第2章では、リアル社会とネット空間とを比較しながらこれらの問いへの回答を試みる。

フェイクニュースであるかどうかを判別する際に、専門家の意見やマスメディアの伝えていることには比較的信頼が置かれている。しかしその信頼は、根拠のあるものなのだろうか。第3章と第4章ではこの問いを吟味しながら、科学否定論との向き合い方や情報のフィルタリングの是非等についても考えていく。

最後に、第5章では近年とりわけ問題となっている陰謀論に焦点を当てて、陰謀論は本当に信じてはいけないものなのかを検討する。多くの人は陰謀論を信じることは不合理だと思っているが、その場合の「陰謀論」とはいったい何を意味するのだろうか。この問いに答えていくことを通じて、陰謀論がわれわれの社会にとって脅威となりうるとすればどのような場合であるのかを考察する。

目次

まえがき

序章　フェイクニュースとは何か……1

新たな事態が生じている　真実か否か　正直か否か　定義ではない明確化　なぜ問題なのか　真理の価値　って何だろう　真理を気にかけることの価値

第1章　他人の言っていることを信じてもよいのか……19

リアルとネット　確かなものって何だろう　可謬主義と不可謬主義　証言の認識論　証言だけでは不十分（還元主義）　証言だけで十分（非還元主義）　認識

的な自律と依存　特定の証言を信頼する条件　聞き手は何をすべきか　ネット空間での人格の同一性　モニタリングができないネット空間　政治的な動機　経済的な動機　面白がらせたいという動機　評価可能な能力条件とは　ネットの証言を取り巻く不透明さ　認識目標の再点検

第2章　うわさは信じてよいものか……………………49

信じてはいけないものの代表？　うわさとは何か　オルポートの実験　認知的な歪み　うわさは信じてもよい（コーディの反論）　判断を保留する意味　ネット上のうわさは信じてよいのか　ワンクリックで伝わる功と罪　再投稿における保証　情報源の信頼性に対するリスク　理解と納得の共有　感情の正当化と共有　うわさ話を楽しむ　自由の制限　うわさを楽しむ条件

第3章　どの専門家を信じればよいのか……………………83
専門家不信　専門知についての三つの困難　論証の仕方　過去の証言の記録　利害関心とバイアス　同意する専門家の多さ　信念形成ルートの独立性　メタ専門家による同意　他の専門家による査定　査読制度　認識の基礎としての制度　困難をどう克服するか　知的な謙虚さ　専門家への信頼は取り戻せるか

第4章　マスメディアはネットよりも信じられるのか…………117
インターネットメディアの登場　情報の門番　マスメディアの理想と現実　査読制度との類比は成り立つか　マスメディアを信頼する根拠　信頼性への反論　メディアの評価の細分化　陪審制度との類比は成り立つか　証言選別の妥当性　多様性の認識的価値　インターネットのフィルタリング問題　フィルターバブ

ルの認識論　エコーチェンバーの認識論　認識バブルに陥らないために

第5章　陰謀論を信じてはいけないのか……149
ポパー、そしてピグデンの考える「陰謀論」　不合理ではない　社会における開放性　歴史学の陰謀論　心理学の陰謀論　カッサムによる批判　知識を失わせる　政治的プロパガンダ　反証不可能性　三つの対処法

終　章　真偽への関心は失われていくのか……179

あとがき　185
参考文献

挿画　つかもとかずき

序章　フェイクニュースとは何か

新たな事態が生じている

フェイクニュースについて論じる前に、まずは「フェイクニュース」という言葉の意味を明確にしておきたい。というのも、この言葉はさまざまな意味で用いられており、その意味を明確にしないと、議論がすれ違ってしまうかもしれないからである。

たとえば、朝にごはんを食べるべきかどうかで言い争っている二人がいる。彼らは「食べるべき」と「食べるべきではない」と主張し合っている。一見するとこれは意見が対立しているようにみえるが、「ごはん」という言葉で一方は食事を意味し、他方は炊いたお米を意味していたとすれば、そもそも主題がすれ違っており、二人の意見は対立しているわけではない。

フェイクニュースをめぐる議論に関しても、これと同じことが生じている可能性がある。たとえば、「フェイクニュース」という言葉がさかんに使われるようになったのは比較的最近のことだが、それは本当に新しい現象だといえるのか。というのも、他人から間違った情報が伝えられることや嘘をつかれることは、昔からごく自然にみられる情景だったからである。さらにいえば、政治的プロパガンダなどは古代からさまざまなかたちで行われていたし、ナチスによる情報統制や旧日本軍の大本営発表など、組織的に誤った情報を発信していた事例も枚挙にいとまがない。したがって、これらの意味で「フェイクニュース」という言葉を捉えると、それはとりたてて新しいものではないことになる。そして、実際にそのように主張している人も少なくない。しかし近年フェイクニュースが関心を集めているのは、この言葉を使って表現したくなる新たな事態が生じているからである。それが何なのかを明らかにするためには、この言葉が何を意味しているのかをまずはきちんと吟味しなければならない。

真実か否か

まず「フェイク(fake)」という言葉から考えてみよう。この言葉は多くの場合、「でっち上げ」や「ニセ物」などを意味する。それゆえ、「フェイクニュース」という言葉は単なる間違った情報だけを指しているわけではない。たとえば、記憶違いで誤って伝えたことや新聞の誤報などは、事実と違う内容を伝えているという意味で「偽《ぎ》なる情報」ではある(こちらは「誤情報(misinformation)」とも呼ばれる)。しかし、偽なる情報を故意に伝えているわけではない。

それに対して「フェイクニュース」という言葉は、多くの場合相手を欺くことを意図して偽なる情報を拡散させている場合に使われる(こちらは「ニセ情報(disinformation)」とも呼ばれる)。

では「フェイクニュース」という言葉は、「伝えられた内容が偽であり、かつ、欺くことを意図している」情報として定義できるだろうか。いや、おそらくこの定義ではまだ狭すぎる。なぜだろうか。

まず情報内容の**真実性**という観点から、伝えられている情報が明確に偽であるとはいえないが、それでもフェイクニュースと言いたくなるケースが存在する。たとえば、あるニュースサイトが「暴徒一〇〇〇人がドイツ最古の教会に放火」という見出しの記事を載せた(この事例は二〇一七年にアメリカの「ブライトバート・ニュース」に掲載された記事を元に再構成している)。そこでは、「アッラーフ・アクバル(アッラーは偉大なり)」と繰り返し唱える男たちが花火を打ち上げ、由緒ある教会に放火したと書かれている。この記事を読んだ多くの人は、イスラム過激派が故意に火災を起こし、教会が燃えてしまったと思うであろう。しかし、実際にはその群衆の一人が放った花火が教会の周囲を覆っていた網に誤って着火してしまったのであり、火はすぐに消し止められるほど小さかった。この場合、すべての情報が虚偽ではないが、それでも全体として読者を意図的に間違った理解へと誘導することになり、この点でミスリードである。このように読者に間違った理解を与えるミスリードもフェイクニュースの一部とみなしてよいだろう。

正直か否か

フェイクニュースは情報の内容だけではなく、情報を発信する人の意図に着目して区分することもできる。それが情報発信の**正直さ**という観点である。欺くことを意図している場合は正直さが欠如していることになるが、正直さが欠けていると言いたくなるケースはほかにもある。それは、でたらめを言っている場合である。「でたらめ(bullshit)」という言葉を世に広めたのは、H・G・フランクファートの*On Bullshit*(邦題『ウンコな議論』)であった(Frankfurt 2005)。そこで彼は、嘘をつく人とでたらめなことを言う人を区別している。まず嘘をつく人は、自分が言っていることが真実ではない(偽である)とわかっていて、その内容を相手に真実だと思わせることを意図する。この点で情報の内容の真偽が重要だということがわかっている。それに対して、でたらめを言う人はその内容が真であるか偽であるかをそもそも気にかけていない。

このようなでたらめなフェイクニュースの典型例は、二〇一六年のアメリカ合衆国大統領選挙の前にマケドニアのティーンエイジャーたちが流した情報にみることができる。その情報のほとんどは虚偽であったが、のちのインタビューのなかで彼らは、自分たちの報道が真実であるか、虚偽であるかには何の関心も抱いていなかったことを明らかにした。彼らは結果として

	真実性の欠如	
	偽なる発言	ミスリード
正直さの欠如　欺くことを意図	①ピザゲート事件	②「ブライトバート・ニュース」の事例
正直さの欠如　でたらめ（真偽への無関心）	③マケドニアの若者の書き込み	④トランプの「南国境の壁」ツイート

多くの偽なる情報を発信していたが、その目的は閲覧者や視聴者を欺くことではなかった。人々にできるだけそのサイトを多くクリックさせ、広告収入によって多くのお金を生み出すことであった。彼らにとっては、情報が正しいかどうか、それによって人々が何を信じることになるかは、どうでもよいことであった。

以上から、フェイクニュースは「情報内容の**真実性**が欠如しており（偽であるか、ミスリードである）、かつ、情報を**正直**に伝えようとする意図が欠如している（欺くことを意図しているか、でたらめである）」ものとしてひとまず定義することができる。R・ジャスターらはこの二つの観点をそれぞれ分類し、以下のような四つのタイプにフェイクニュースを整理した（Jaster & Lanius 2021）。

①偽なる発言で欺こうとしている場合——二〇一六年のアメリカ大統領選で対立する陣営の評価を落とすために、虚偽の情報が意図的に発信され、銃撃事件にまで発展したピザゲート事件。

②ミスリードな内容で欺こうとしている場合——「ブライトバート・

ニュース」の事例。

③偽であり、でたらめである場合——マケドニアの若者の書き込みの事例(特定の意図をもたず、プログラムに基づいて自動的にネット上で投稿を行うボット(bot)などもここに入るかもしれない)。

④ミスリードであり、でたらめである場合——二〇一八年のドナルド・トランプ(第四五代アメリカ合衆国大統領)によるツイートには建設中のある壁の写真とともに、「今日の午後の偉大なる報告。われわれの南国境の壁の建設がスタート!(Great briefing this afternoon on the start of our Southern Border WALL!)」と書き込まれていた。しかしその壁は実はまったく関係ない別の壁の写真であり、すでに壁の建設に着手しているという誤解を招くものだった。そしてもしも彼自身がそのツイートの真偽には何の関心もなく、ただ自分の業績を装飾するためにその写真を示したのだとすれば、それはまさにでたらめの事例となっている。

定義ではない明確化

フェイクニュースの定義としては、このような真実性の欠如と正直さの欠如以外にもさまざまな観点が提案されてきた。たとえば、フェイクニュースの「ニュース」という言葉に着目して、「マスメディアが発信している本物のニュースを模倣している」ものがフェイクニュースだと考える立場もある。あるいは、その意図に着目して「広く伝播することを意図している」とか、その伝達媒体に着目して「インターネットやソーシャル・ネットワーキング・サービス（SNS）において生じている現象である」点もよく挙げられる。これらはそれぞれインターネットという新たな技術やメディアによって可能となった情報発信の特徴をよく捉えており、フェイクニュースがなぜとりわけ現代的な課題であるのかを示している。

では、これらのうち、どの定義が正しいのだろうか。この問題に関しては現在でも論争中であるが、本書ではどれかひとつを「フェイクニュース」の定義とするのではなく、これらの特徴がゆるやかに重なり合い、交差し合う現象としてフェイクニュースを捉えてみたい。そこでヒントとなるのがL・ウィトゲンシュタインが提示した「家族的類似性」(Wittgenstein 2009)という概念である。

たとえば、私は「ゲーム」という言葉の定義を知らない。それでも、将棋とテニスが似ていて、将棋とソリティアが似ていることがわかる。つまり、家族の成員、祖父・祖母、父・母、兄・妹などそれぞれ相互に類似しているように、「ゲーム」と呼ばれるものの特徴が相互に重なり合い、交差し合っていることをみてとることができる。それゆえ、すべてのゲームに共通する特徴を見出して、唯一の定義を与える必要はない。同様に、われわれは日々の生活のなかで「フェイクニュース」と呼ばれるさまざまな事例がもつ特徴の重なり合いをみてとることができ、その類似性の網の目のうちにフェイクニュースと呼ばれる現象が存在している。したがって、必ずしもその意味をひとつの定義に切り詰めて考える必要はない。

しかし唯一の定義を与えないからといって、その言葉をどのように使ってもいいということにはならない。たとえば、「フェイクニュース」という語を頻繁に用いていたのはドナルド・トランプだが、彼はこの言葉をしばしば自分に批判的なマスメディアが発信する情報に対して使っていた。そしてこのような用法は、彼の支持者たちのみならず、他国の指導者のあいだにも広まっていき、ウクライナ侵攻後のロシアも、公式発表のなかでしばしば他国の発信を「フェイクニュース」と断じていた。このような使い方で「それはフェイクニュースだ！」と言われるとき、この言葉はその情報内容が間違っているという事実に関する主張をしているのではない。もしそうであれば、彼らはそれがなぜ間違っているといえるのか、証拠を集めたり列挙したりして、真実を明らかにしようとするであろう。しかし、ほとんどの場合そのようなことは行われない。それは「この部屋は暑いね」という言葉が、部屋の温度についての事実を述べているのではなく(実際に部屋が暑いかどうかを問題にしているのではなく)、「クーラーを入れてくれ」という依頼や命令として使われる場合に似ている。つまり、ここでの「それはフェイクニュースだ！」という発言は「やつらの言うことを信じるな！」という命令や勧告として使われているのである。このように「フェイクニュース」という言葉は、自分と異なる相手の意見を抑圧したりその発言を無効化したりするための道具として用いられる危険性をもっている。

哲学者のD・コーディは「フェイクニュース」という言葉が濫用されている現状を踏まえて、この言葉を使うこと自体を控えるべきだと主張する(Coady, D. 2021)。その指摘はもっともではある。しかし、たとえわれわれがこの言葉の使用をやめたとしても、きっと彼ら彼女らは変わらずにこの言葉を使い続けるだろう。そしてその濫用を防ぐために、「それは言葉の濫用だ!」と言い返すだけでは不十分である。やはりこの言葉の意味をある程度明確化したうえで、「あなたは「フェイクニュース」という言葉をいったいどんな意味で使っているのですか」と相手に問いかけ、無制限な濫用をその都度ただしていく必要がある。この点で、「フェイクニュースとは何か」という問いは、繰り返し立ち戻ってくる必要のある問いである。

なぜ問題なのか

しかし、そもそもフェイクニュースはなぜ問題なのだろうか。もちろん、嘘をつくことや人を欺くことは倫理的によくないことである。しかしフェイクニュースには、それを発信する行為だけでなく、それが社会のなかで広まることにより生じる問題もあるように思われる。それはいったい何だろうか。

まず、真実ではない情報が広まることで、実際の被害が生じる。一般的に間違った情報をもとに行動すれば、さまざまな実害が発生する。たとえば、感染症についての間違った情報であれば、それは生命の危険をもたらす。誰かについての間違った情報が根拠のない誹謗中傷を呼びおこし、その人の人生を台無しにしてしまうかもしれない。

そしてそれは、ひとつの被害に留まるとは限らない。たとえば、われわれが物事を考える際に依拠する基本的な情報が間違っていると、そこから導かれる事柄も連鎖的に間違っていくことになり、結果としてさまざまな領域に間違った信念が増幅されていくことになる。つまり、誤謬という病は伝染し、周囲に悪影響を及ぼしながら増殖していく。さらにこの誤った考えが、瞬時に、かつ、広範な情報共有を可能にするインターネットという媒体に載せられることによって、社会的全体も瞬く間に誤謬に感染し、実害も拡大していく。これはもっともわかりやすいフェイクニュースの問題点である。

二つめの問題は、他者への信頼、とりわけ従来の知的権威への信頼が損なわれる点である。われわれは多くの情報を他人に依存して獲得しているが、フェイクニュースが蔓延すると、他人の言っていることを信じられなくなる。とりわけ深刻な問題となるのが、マスメディア、あるいは科学者に代表される専門家への批判と結びついたときである。実際フェイクニュースや陰謀論は、これらの知的権威への批判とセットになって発信されることが多い。

たしかに従来の知的権威の失墜を「知の民主化」とみなすこともできるかもしれない。しかし実際に生じている状況は、知の民主化というより、知のアナーキズムではないだろうか。あるいは、その空白の知的権威の座に、新たに登場したネット情報のインフルエンサーが座り、一般的に信じられている事実に代わる「もうひとつの事実(alternative fact)」を提供している。このような状況のなかで、われわれはいったい何を信じてよいのかわからなくなり、知的に不安定な状態に置かれることになる。

三つめの問題として、民主的な社会における意思決定の正統性が損なわれてしまう点が挙げられる。現在、多くの国や社会では、住民投票や選挙等の直接的・間接的な民主的手続きを通じて意思決定が行われている。しかしこのプロセスは、それぞれの社会の成員が政治的な問題に対する判断能力を具えていることを前提にするだけでなく、一人ひとりにある程度正しい情報が共有されていることをもまた前提にする。したがって、もしもこの前提が崩れるとすれば、民主的なプロセスそのものの信頼性が揺らぐことになり、決定された結果の正統性にも疑いの目が向けられることになる。この問題はさまざまなかたちで顕在化してきているが、それが問題として人々のあいだに共有されるきっかけとなったのは、二〇一六年、イギリスで行われたEU(欧州連合)離脱(ブレグジット)についての国民投票であった。その際、EU離脱派のナイジェル・ファラージによる「EUへの拠出金が週三億五〇〇〇万ポンドに達する」という発言がSNS上で拡散されたが、彼は投票後に、実際の拠出金がそれより大幅に少ない額であったことを認めた。この情報が実際の投票結果にどの程度影響を与えたのかはわからないが、もしも国家や自治体の行く末を決める集団的意思決定の結果がフェイクニュースに左右されるものだったとすれば、それは現在のわれわれだけの問題ではない。ひいては、未来を生きる子どもたちに対する責任という問題にもなってくる。

最後に、フェイクニュースによって人々が真理への関心を失っていく問題を挙げておきたい。もちろん、従来もさまざまな場面で間違った情報が伝えられることはあったが、これまでは少なくとも、間違った情報を伝えることはよくないことであり、情報の真偽は検証されなければならず、もしも間違っていると判明したら訂正する必要があると思われていた。例外は多々あったにせよ、従来のジャーナリズムは世の中で起こった新たな出来事を伝えるという意味でのニュースを発信する機関として存在しており、建前であれ何であれ、「真なることを伝えるべし」という規範を共有していたように思われる。

それに対して、ネット時代のフェイクニュースの発信者は、多くの場合このような規範を共有していない。そしてこの規範に関していえば、先ほどみた嘘をつく人とでたらめを言う人とでは、後者のほうがより問題が大きい。たとえば、嘘をつく人は自分の主張に反する証拠を持ちだされれば、嘘を取り繕おうとしてその証拠を何らかの仕方で否定し、反証、つまり反対の証拠を示そうとするだろう。この点で、嘘はまだ真実を検証するゲームの土俵に乗っている。

それに対して、でたらめを言う人はそのような証拠に対して反証しようとさえせず、端的に無視する。つまり、真実を語る人と嘘をつく人は真実を検証するゲームのなかで反対の立場に立っているのに対して、でたらめを言う人はそもそものゲームの土俵に乗っていない。

このような真実に対する態度の違いは、でたらめを言う人を負けることのない「無敵」の状態にしてしまう。たとえば、将棋というゲームで「負ける」ことがありうるのは、お互いが将棋のルールに則ってコマを動かしているからであり、そのような共通のルールに従わずコマを自分の好きなように動かしている人は、負けることがありえない（もちろん、逆に「勝つ」こともありえない）。同様に、真実の検証ゲームの土俵に乗らない人はどんな証拠を持ちだされたとしても、そもそも証拠によって「負ける」ことはない。そこでは、もはや真実は何の規範性ももたなくなってしまう。

そして、もしもこのような態度が社会全体に蔓延していくならば、現在は物事の真偽に関心をもっている人々も、その関心を知らず知らずのうちに失っていき、真偽へのこだわりをもつ人のほうが少数派になっていく可能性がある。私がもっとも恐ろしいと思うのは、もしかしたらこのような変化がすでに至るところで進行中なのかもしれないということである。

真理の価値って何だろう

ここまでの話は真偽に関心をもつことが重要だということを前提にしていた。しかしここで、「そもそもなぜ真偽に関心をもたなければならないのか」と反発したくなる人もいるだろう。そしてこの問いに答えるのは、なかなか難しい。それはこの問いが「そもそも本当に真理に価値があるのか」という、より根本的な問いを含んでいるからである。

この問いに対してまず考えられるのは、真なる信念の価値に訴えることである。ここでの「信念」とは宗教的な信念だけを意味するのではなく、日常的に「……と思っていること」全般を意味する。たとえば、「このきのこは食べられる」という信念が間違っていると、その信念に従って行為すれば死んでしまう可能性がある。つまり、偽なる信念はさまざまな被害をもたらす。それは偽なる信念が世界の実際のあり方に反するからであり、世界のあり方に合致した真なる信念をもっているほうが行為を成功に導きやすいからである。実際、科学が発見した自然についての多くの真理は、さまざまな発明品を通じてわれわれの生活を飛躍的に便利にし、かつ、豊かにしている。この点で、真なる信念は大きな実践的価値をもつ。

この説明は、真偽の重要性を真理の価値自体によってではなく、真なる信念がもたらす結果の価値(生活の豊かさや生命の安全など)によって説明するものである。たとえば、お金はそれを使った結果として、おいしいものを食べられたり、楽しい映画を観られたりする点で価値がある。これを「道具的な価値」という。同様に、真なる信念は何か別の価値あるものを獲得するための道具的な価値をもつ。しかし、このように説明してしまうと、真なる信念は常に追求されるべきものではなくなってしまう。というのも、真なる信念は、常に利益を与えてくれるとは限らないからである。

たとえば、私が崖を飛び越えなければならない状況にあったとしよう。私がその崖を飛び越えられる確率が著しく低いことを正しく認識している場合、その真なる信念は私の足をすくませ、跳躍を失敗に導くこともある。このとき、真実を知らない場合のほうが生存の確率は上がることになる。あるいは、自分の病気が深刻なものであると知ることは、大きな恐怖や不安をもたらす。したがって、この場合も知らないほうが結果的に幸せに過ごせるかもしれない。このように本当のことを知ることは、実際にはさまざまなデメリットをもたらしうる。そして、これはニュースに対してもあてはまる。真実を伝えるニュースを知ることは、ときに不快な思い、不安、悲しみ、怒り、等々さまざまなネガティブな感情を引き起こす。それゆえ、真実よりも自分にとってポジティブな感情をもたらしてくれる「ニュース」を求めたほうがいいと判断することには一定の合理性がある。つまり、真実は常に人に幸福や利益をもたらすとは限らないから、真実を気にかける必要などない、という議論は可能であろう。

では、このような反論に対してどのように応答できるだろうか。まず真理から遠ざかることはその場では幸福や利益をもたらすかもしれないが、長い目でみるとやはり結果として得られる幸福や利益は減少する、と答えることはできる。これはフェイクニュースがどういう場合に許容され、逆にどういう場合に許容されないのかに関わっており、本書全体で考えていきたい。

さらに真理には道具的な価値だけでなく、それ自体に価値があると答えることもできるだろう。お金の例でいえば、他の価値あるものと交換できることは道具的価値であるが、観賞用の金のコインが人を惹きつけるのは、それ自体が美しさという内在的な価値をもっているからである。真理もこれと同じである。事件の真相がどうか、世界が本当のところどうなっているのかに人が惹きつけられるのは、真理がそれ自体内在的な価値をもつからである、と。

真理を気にかけることの価値

しかし、いま問いを投げかけてきている相手はそのような真理にそもそも惹きつけられない人なのかもしれない。したがって、ここまでの回答だけだと彼ら彼女らの心にはあまり響かない可能性がある。そこで、真理の価値や真理がもたらす結果の価値だけではなく、真理を気にかけること自体にも価値があると言ってみたい。

M・リンチは、真理を気にかけることはよい人生の一部を構成するという意味で「構成的なよさ」をもつと考える(Lynch 2004)。その例として、愛のある態度を挙げることができる。もちろん、愛のある態度をとる人は他人から好かれやすいだろうから、その道具的価値を説明することはできる。しかし、仮にそのような結果がまったく伴わなかった場合、その人の人生は価値がなかったことになるのだろうか。そうはならないだろう。愛のある態度は人としてよく生きることの本質的な一部を成しており、その価値はその態度の結果にあるのではなく、愛のある態度をとる人の人生そのものにある。同様に、真理を気にかけるという態度は人としてよく生きることの本質的な一部を成しており、そのような態度をとる人生そのものに価値がある。

では、真理を気にかける態度とは具体的にどのような行動として現われるのだろうか。それはたとえば、対立する意見のどちらにも耳を傾けようとすることであったり、証拠に細心の注意を払ったりすることであったりする。これらの行為を、リンチは知的な真摯さ(intellectual integrity)の現われと捉える。このような行動を継続できる人は知的な真摯さという知的な徳を具えた人でもある。

ここで「知的な徳(intellectual virtue)」という言葉について補足しておきたい。「徳」と聞くと、多くの人は道徳(倫理的な徳)を思い浮かべるだろう。たとえば、その代表例である勇気や寛容さなどは倫理的に優れた人がもつべき特性である。それに対して、知的な徳は知的に優れた人がもつべき特性である。たとえば、命の危険にさらされている仲間を助けるためにのび太さんが強大な敵に立ち向かう行為は倫理的な徳としての勇気の現われであるのに対して、真実を明らかにするためにロシアのジャーナリストが強大な権力に立ち向かう行為は知的な徳としての知的勇気の現われである。その違いは、倫理的な徳が「仲間の命を助ける」という倫理的によいこと(善)の実現に動機づけられているのに対して、知的な徳は「真実を明らかにする」という認識的によいこと(真理)の獲得に動機づけられている点にある。

この観点に立てば、先にみた「正直さの欠如」は知的な徳の欠如であり、もっといえば知的な悪徳である。そしてこのような悪徳を、われわれはフェイクニュースに限らず、日常的にしばしば目にしている。その典型例は、政治家の答弁や釈明である。彼ら彼女らは、その場を逃れるために意図的に質問をはぐらかし、関係のないことを滔々と弁じ続け、真実から人々の目を背けさせようとする。それは、知的な正直さや真摯さが欠如した態度である。これらの知的な悪徳をもった人は、たとえその人がどれほど崇高な政治的理想を喧伝していたとしても、人として優れているとみなすのは難しいだろう。しかし、このような真理への無関心な態度に異を唱えないままでいると、それが社会のなかで許容されていき、政治家だけでなく多くの人たちのあいだで常態化していくことになりかねない。いや、私の認識ではむしろこの常態化はすでにかなりの程度進行してしまっている。この意味で、フェイクニュースとの戦いは、単にわれわれの利益を守り、実害を避けるための戦いであるだけでなく、われわれのよき生のあり方を問い直し、取り戻すための戦いでもある。

第1章　他人の言っていることを信じてもよいのか

リアルとネット

フェイクニュースはインターネットを通じて拡散されることが多い。だからといって、ネット上の情報はすべて信じてはいけないことになるのだろうか。いや、そんなことはないだろう。ネット上にも信じてよい情報と信じてはいけない情報が存在する。この点で、リアル社会で与えられる情報と変わるところはない。それでも、あなたはどちらの情報を信頼できるかと聞かれれば、おそらくリアル社会の情報のほうを挙げるだろう。では、両者の違いはいったいどこにあるのか。

このように聞かれたら、多くの人はネットのほうが間違った情報が多いからと答えるのではないだろうか。しかし「ネット上の情報」と「リアル社会の情報」という括りで比較した場合、どちらもその母数が膨大すぎて、本当に前者には後者に比べて事実に反する情報が多いのかどうか確かめることは難しい。そして、ネット上には官公庁が発信している情報や専門の医師が発信している情報なども含まれる。これらの情報が単にインターネットを媒介にして発信されているという理由だけで、リアル社会での発信に比べて信頼性が低いと考えるのは合理的ではないだろう。では、ネット上で見聞きした情報とリアル社会で見聞きした情報は何が違っているのか。

さらにもうひとつ考えてみたい問題がある。それは情報に対する態度の違いである。ネットリテラシーについての本では、「ネット上の書き込みをそのまま鵜呑みにしてはダメだ。それが本当に正しいかどうかを自分自身で吟味して、信じてよいと判断したことだけを信じるようにしよう」などと書かれている。しかしわれわれはリアル社会での日々の生活を通じて、他人の言っていることが正しいかどうかをいちいち判断したうえで、受け入れているだろうか。むしろ、周囲の人々が言うことをまずそのまま鵜呑みにする場合がほとんどではないだろうか。もしもネット上で他人から与えられる情報を鵜呑みにしてはいけないと言うのであれば、リアル社会の場合も同じだろう。もしもそこに違いがあるとすれば、それはいったい何なのか。

確かなものって何だろう

これらの問いを考察する前に、少し根本的なところから準備をしよう。われわれはそもそもふだん何を確かだと思っており、何を信じてよいものと考えているのだろうか。改めてこのように問われると答えにくいかもしれない。では逆に、われわれが不確かだと考えているものとは何だろうか。

たとえば、占いはあてにならないし、素人の株価予想もよく外れる。激安ショップで買った非接触型の体温計はあてにならないし、使い古した我が家の体重計も正しい数値を出しているのか疑わしい(と少なくとも私は思っている)。これらはすべて不確かなものであり、それゆえ信じてはいけない。

しかしこれらの確かさを疑うときでも、疑われていないものがある。たとえば、その占いが当たるかどうかは疑わしいが、「ラッキーアイテムはキリンのピアス」と書かれているその事実を疑ったりはしないだろう。あるいは、体重計が示す数値は怪しいと思っても、そこに数字が表示されていることは疑わない。そしてこれらのことが疑われないのは、どちらも私が自分の目で見て確かめたことだからである。つまり、われわれはさまざまなことに疑いをもち、不確かだと思うが、自分が直接知覚していることまでは疑わない。われわれは日常生活のなかで、知覚を基本的に確かなものとみなしており、信じてもよいものだと考えている。

とはいえ、このような知覚の信頼性に対しても疑いの目を向けることはできる。実際、見間違いはよくするし、そもそも自分が見ていると思っていたものは、実は映画のセットやレーザーによって映し出されたホログラムかもしれない。では、このような間違いの可能性が存在するからといって、われわれの知覚は信じられないという結論を導き出してもよいのだろうか。

確かに、間違いの可能性がほんの少しでも存在するならば、それは不確かなものであり、信頼できないと考えることはできる。たとえばデカルトは、何かを信じてよいといえるためには、それが不可謬である必要があると考えた（デカルト 2006）。しかしこの考え方をとると、知覚だけでなく、われわれが普段信頼している自分の記憶も信じることができない。われわれはしばしば記憶違いをするので、記憶は不可謬なものではないからである。そして、不可謬でないと信じられないということになると、われわれが信じているほとんどの事柄は、本当は信じてはいけないことになってしまう。

以上の考え方は、一般的に**不可謬主義**と呼ばれているが、この基準はあまりに厳しすぎる。何より、われわれの日常的な信念がすべて信頼できないものになってしまうので、日常的な信念のなかで信じてよいものとそうでないものを区別するという課題に対しては何の回答も与えてくれない。

そこで、別の考え方をしてみよう。知覚や記憶がときに間違え、不正確であったとしても、それだけでは知覚や記憶に基づいて何かを信じてはいけないということにはならない。もちろん、自分の知覚や記憶を疑うべき具体的な理由がある場面（たとえば、暗い部屋で物を見ている場合や、レシートの金額と記憶が食い違っている場合など）では、自分の知覚や記憶をそのまま信じるわけにはいかないが、そのような疑うべき理由がない場合、われわれは知覚や記憶を信頼してもよい。この考え方は、不可謬主義に対して**可謬主義**と呼ばれる。

証言の認識論

いまみた知覚や記憶は、われわれの認識のうちで特別な地位を占めている。たとえば、ソファの上に猫がいるようにみえているのであれば、私は「ソファの上に猫がいる」と信じる。このとき、自分の知覚以外の根拠が必要だと考える人はいないだろう。記憶の場合も同じで、さっきソファの上に猫がいたと思い出されているのであれば、「さっきソファの上に猫がいた」と信じる。つまり、あることを信じるために知覚や記憶以外の根拠が必要だとわれわれは考えない。このように、知覚や記憶はそれ以外の根拠に頼ることなく、単独で何かを信じるために十分な根拠となっており、この意味で、われわれの認識の基礎となっている。

では、他人の言っていることはどうだろうか。同じように、他人が「ソファの上に猫がいる」と言っているのであれば、それ以外の根拠なしにそう信じてもよいのだろうか。このような問いのもとで展開されているのが「**証言の認識論**」と呼ばれる議論である。

ここでまず、「証言(testimony)」という言葉の説明をしておきたい。この言葉は、日常では事件や裁判でしか使われないかもしれないが、本書ではもう少し広い意味で「他人が言っていることや書いていること」全般を指すものとして使う。ただし「他人が言っていることや書いていること」のなかには挨拶や感嘆表現なども含まれるので、それらを除き、発言内容の真偽を問えるものだけを「証言」として扱うことにする。この言葉を使って、先ほどの問いを言い換えると以下のようになる。他人の証言は、それだけで何かを信じるための十分な根拠となるのだろうか。

証言だけでは不十分(還元主義)

いや、それだけでは不十分だ、と言いたくなるかもしれない。この考え方の代表者としてよく名前が挙がるのが、イギリス経験論の哲学者D・ヒュームである。彼によれば、私がある人の証言を信じてよいのは、その人の証言が信頼できることをそれまでの経験を通じて私が学んできたからである(ヒューム 2018)。たとえば、友人の萬屋さんに「クモの脚は八本あるんだよ」と言われ、その後に自分でクモを観察して確かめてみたところ、実際そのとおりだった。あるいは、萬屋さんに「あの道は通行止めだったよ」と言われ、実際に行ってみたところ通行止めになっていた。このような事例を数多く経験してきたので、私は萬屋さんの証言を信頼できることがわかっており、彼がいま「ソファの上に猫がいるよ」と言えば、その証言を信じることができる。それは、萬屋さんの証言が事実と一致していることを私は数多く観察(知覚)し、その記憶をもっており、このような一致が今後も続くだろうと考える帰納的な根拠をもっているからである。

ここでの要点をまとめると、以下のようになる。

証言を信じるための条件①　一致条件

証言者が過去に行った証言が、多くの場合事実と一致していた

逆にいえば、この一致条件が満たされていると考える根拠がない限り、「萬屋さんがそう言っている」という事実だけではその証言を信じるのに不十分だということになる。つまり他人の証言は、証言以外の知覚や記憶、帰納的推論といった他の根拠に支えられることによってはじめて、信じるための十分な根拠（認識の基礎）となる。このような立場は、証言の正しさを証言以外（知覚、記憶、推論など）の正しさに還元するという意味で「還元主義」と呼ばれる（Coady, C. A. J. 1973）。しかし、ここでは〈**証言だけでは不十分派**〉と呼んで話を進めることにしたい。

証言だけで十分（非還元主義）

しかし、他人の言葉を信じるのに、本当にそのような別の根拠が必要なのだろうか。たとえ

ば、私が出張先で道に迷ったとしよう。私は道行く人に目的地である会社までの道を尋ねて、行き方を教えてもらったとする。しかし私はその土地に不案内なうえ、地図もスマホももっていない。そして道を教えてくれた人とは初めて出会ったので、その人の発言がこれまで事実と一致していたかどうかも知らない。つまり、私は「その人がそう言っている」という事実以外にはその証言を信じるための根拠をもっていない。しかし、たいていの場合私は、その人の言うことをそのまま信じて、行動するだろう。

さらに、われわれの知識はどこかで他人の証言に依存せざるをえないという事情もある。教えられたルートが本当であるかを確かめるために、通りがかった別の人に尋ねてみたとしても、それもまた別の他人の証言である。あるいは、本屋に入って地図を買って確かめてみたとしても、それは私の知らない誰かが書いたものであり、これも他人の証言である。「クモの脚が八本ある」という事例に関しても、私が観察して確かめられるのは私の周囲にいるクモだけであり、すべてのクモについて本当に八本あるかどうかを確かめるためには、誰かの証言に依存せざるをえなくなる。このように、他人の証言を信じるために根拠が必要だとしても、その根拠のどこかにまた別の証言が必要とされることになる。

そしてこの問題は、幼児の知識を考えた場合により明確になる。われわれが最初に獲得する知識は多くの場合、自分の近親者によって与えられる。そして小さな子どもが親の言っていることを信じる際に、その証言以外の根拠が必要だと考えるのは無理がある。たとえば、親が「クモは脚が八本あるんだよ」と言った場合に、「本当にクモの脚は八本あるのだろうか」と疑うことができるためには、「クモ」とは何か、「脚」とは何であるかをすでに理解していなければならない。そして「クモ」や「脚」という言葉の意味は、われわれがどこかの段階で他人の証言（たとえば、「これがクモだよ」等）を鵜呑みにすることによって獲得されたものである（Wittgenstein 1969）。これは証言が言葉を用いてなされることからの必然的な制約であり、われわれは他人の言っていることの意味を理解するためにも、別の何らかの証言を鵜呑みにして信じざるをえないのである。

このように考えると、他人の証言は知覚や記憶と同様に、それ単独で何かを信じるための十分な根拠となり、認識の基礎となりうると言いたくなる（Goldberg & Henderson 2005）。この考え方は「非還元主義」と呼ばれているが、以下では〈**証言だけで十分派**〉として考えてみたい。

もちろん、だからといって他人の証言が常に正しいと考えるわけではないし、他人の証言を常にそのまま受け入れるべきだと考えるわけでもない。その人の証言が間違いだったと後から判明することもあるだろうし、もしも私がその証言を聞いた段階でその証言内容を疑うべき根拠をもっているのであれば、その証言をそのまま信じてはいけない。

しかしこの事情は、知覚の場合でもあてはまる。私は電信柱の後ろに猫がいるようにみえて、そう思い込んでいたが、それは見間違いだったと判明することもあるだろう。あるいは、そのあたりが猫の住めない地域であるという確かな情報を事前に得ている場合には、猫にみえたと思ったけれども、それは自分の見間違いではないかと疑ってみる必要がある。しかし知覚を疑う根拠がない限り、まずは自分の知覚を信じてもよいと考えている。つまり、この点で〈知覚だけで十分派〉の立場をとっている。〈証言だけで十分派〉は、この点で知覚と他人の証言を同等なものと考え、他人の証言を疑う根拠がない限り、まずはその証言を信じてもよいと考える。

認識的な自律と依存

ここまでの議論からわかるのは、われわれの日常的な知識は不可避的に他人の証言に依存しているということである。そしてこの「依存」はさらに「**情報的依存**」と「**認識的依存**」の二つに区分することができる(Goldberg 2013)。たとえばわれわれは他人から聞いた話や本で書かれたことを通じて、それまで自分が知らなかったさまざまな情報を得る。これは情報のアクセスに関して他人に依存しており、情報的依存である。それに対して、認識的依存はその情報が正しいかどうかについての判断を他人に依存していることを意味する。たとえば子どもが最初に何かを学ぶ際には大人に情報的に依存するだけでなく、その情報の正しさを自分で判断することはできないので、認識的にも依存していることになる。

そして近代以降の哲学では、他人に認識的に依存することなく、認識的に自律した人間となることが目指されてきた。たとえば、カントは『啓蒙とは何か』(一七八四年)のなかで、他人の指導がないと自分の悟性を用いることができない状態から抜け出ることを「啓蒙」と定義し、「自分自身の悟性を用いる勇気をもて!」という標語を打ち立てた(カント 1974)。これをもう少し現代的な言い回しでいえば「**自分の頭で考えよ!**」ということになるだろう。われわれが迷信にとらわれ、偏見に満ちた考えを信じてしまうのは、他人の意見をそのまま無批判に受け入れ、他人の考えにならって考えてしまうからにほかならない。したがって、このように他人の判断に認識的に依存する他律的な人間ではなく、自分自身でその情報が正しいかどうかを考え、判断できる知的に自律的な人間になることが近代以降の人間の理想像として掲げられることになった。

しかし、本当にそれは理想的な人間のあり方なのだろうか。たとえば、私は体調に大きな異変を感じるのだが、自分が何の病気かわからない。この場合、私は自分の知識だけを頼りにして、自分の頭であれこれ考えて何の病気かを判断するべきだろうか。いや、むしろすぐに医者

に診察してもらい、そこで言われたことを信じるべきだろう。ここでの素人判断は正しい病状の把握を遅らせ深刻な事態を招きかねないので、むしろやってはいけない。つまり、ここで私が正しい認識に到達したいと思うのであれば、自分の頭で考えて判断するよりも、他人の言うことをそのまま受け入れ、認識的に依存することが推奨されることになる（この問題については、第3章で改めて検討する）。

特定の証言を信頼する条件

では、このように他人の証言への認識的な依存が不可避であり、必要でもあると認めるならば、他人の証言を信じるために証言以外の根拠は必要ない（〈証言だけで十分派〉）ということになるのだろうか。いや、そうではないだろう。

確かに、知識や概念を獲得する途上にある子どもは全面的に他人の証言を信頼しなければならない段階がある。しかしだからといって、すでに多くの知識や概念を理解している大人も、他人の証言をそのまま受け入れてよいことにはならない。少なくともわれわれ大人は、他人の証言を信じてよいかどうかを証言以外の根拠をもとに判断すべきだと考えることは可能だ（限定付きの〈証言だけでは不十分派〉）。そしてもしも証言以外の根拠なしに他人の証言を信じた場合には、その人は果たすべき認識的な義務を果たしていないことになり、「軽信（gullibility）」

のそしりを免れない(Fricker, E. 1994)。

では、証言以外にどのような根拠が必要なのだろうか。まず考えられるのは、先にみた一致条件(その人の過去の証言が事実と一致していたかどうか)を満たしていることであるが、この条件でわかるのはあくまでもその人の証言の一般的な信頼性であって、特定の証言の信頼性まではわからない。たとえば、ある学校の先生の発言がそれまでほぼ事実と一致していたとする。その先生が突然アニメについて語りだしたとき、その証言を信頼してよいのかどうかわからないだろう。E・フリッカーによれば、このような特定の状況での特定の話題についての証言の信頼性に関しては、聞き手は相手の発言が信用できるかどうかを発言の状況ごとに評価する必要がある。その評価のポイントは、大きく分けて以下の二つの条件として整理できる(Fricker, E. 1995)。

一つめは、その人の証言が**誠実になされているか**どうかである。これは前章のフェイクニュースの分類でも「正直さ」として確認したが、誠実でない場合には、嘘やでたらめ以外にも冗談を言っている場合なども含まれる。そしてこれらの可能性が高いときには、その証言は信頼してはいけない。

証言を信じるための条件② 誠実性条件

その証言が誠実になされている（嘘や冗談やでたらめではない）

しかし、たとえ証言が誠実になされていたとしても、簡単に信じてはいけない場合もある。それは、その人が問題の事柄について知る能力をもたなかったり、知りうる立場になかったりする場合である。たとえば、ある人が鳥を見て「あれはシジュウカラだ」と誠実に発話していたとしても、鳥がその人からはよく見えない位置にいたり、その人が鳥についての知識をもっていなかったり、視力が十分ではなかったりするのであれば、その証言を信頼してはいけない。先ほどの学校の先生の発言についても、先生がそのアニメについての知識をもっているか、知りうる状況にいるかが評価の対象となるだろう。

証言を信じるための条件③　能力条件

証言者がその証言の内容を知る能力をもつか、知りうる立場にある

聞き手は何をすべきか

しかし、これらの条件が満たされているかどうかは、どうすればわかるのだろうか。まず能力条件については、その人が知りうる立場にいたことを示す証拠（たとえば、先生がそのアニ

メをよく観ていたことを示す証拠)を探す、能力のテストをしてみる(たとえば、そのアニメについて先生に質問してみる)などが考えられる。

誠実性条件については、相手の発言の意図を解釈してみることである。たとえば、普段は信頼できる証言者である同僚の秋葉さんが「さっき、すごい速さで飛び去っていくUFOを見たよ」と私に言ってきたとする。この場合、彼が本気で言っているのか、私を騙そうとしているのか、笑わせようとしているのか、愛読書である月刊誌『ムー』のネタを披露しようとしているのか等々、彼の発言の真意を探ってみる必要がある。具体的には、それぞれの動機がどれくらいの割合でありえそうかを彼の現在の心理状態全体を推測しながら考えてみることで、彼の発言が誠実なものかどうかが判断されることになる。

だがこの事例では私が証言の内容に関して事前知識をもっており、「UFOを見た」という証言に疑いを抱く理由をあらかじめもっていた。ではそのような事前知識がない場合は評価ができないのだろうか。あるいは、自分の事前知識と齟齬をきたさない場合は、発言の誠実性を評価する必要はないのだろうか。

これらに対して、いや、そうではないとフリッカーは考える。ここで彼女が提案するのは、証言者の様子をモニタリングする(monitoring)ことである。その人の表情や動作をよく見てみたところ、挙動不審なところがあったり、微妙に目が泳いでいたりすれば、われわれはその人が嘘をついている（その証言が誠実になされていない）のではないかと疑う根拠をもつことになる。このようなモニタリングはＵＦＯの証言を行った秋葉さんの証言を解釈した場合と違って必ずしも意識的に行われるとは限らず、「なんだかこの人の話は胡散臭い」といった判断は意識下のプロセスで行われていることも多い。この点で、自律的にコントロールできない部分が含まれるのは確かである。しかしそうであったとしても、疑わしい兆候があった場合に敏感に反応できるように相手の様子を気にかけることはできるし、そのような批判的な態度をとったうえで、他人の証言を信じる必要がある。つまり、われわれは他人の証言を信じてよいかどうかを常に意識的な推論を通じて根拠づける必要はないが、その証言者が信頼できるかどうかに注意を払って最小限の知的自律性を発揮する必要がある。

　ここまでみてきた三つの条件（一致条件、誠実性条件、能力条件）は、証言の内容の正しさを自分で判断できない場合に、その証言をしている証言者を信頼してよいかどうかをチェックするためのポイントとなる。もちろんどの条件をどの程度重視するかは状況によって異なるが、これらの条件を多く満たしている証言者は、そうではない人に比べて、より信頼できるといえる。では、インターネット上の証言に対しても、これらのチェックポイントは有効に機能するのだろうか。

ネット空間での人格の同一性

まず、一致条件はどうだろうか。ネット上の証言に関しても、その証言をしている人(あるいは組織)がこれまでどのくらい事実と一致する情報を伝えてきたのかを確認し、証言者ごとに信頼性を評価することは可能である。しかし、ここにリアル社会にはないネット空間固有の問題が立ちふさがる。一致条件を判定するためには、⑴その証言を誰が行ったのか(発信者の特定)と、⑵その証言がどのくらい事実と一致していたのか(発信内容が真であった割合の特定)の二点を特定する必要がある。先ほどのヒュームの事例では、過去に萬屋さんが言っていたことのサンプルを集めたうえで⑴、それらがほとんどの場合事実と一致していたことを確認した⑵。しかしながら、多くのインターネット上の情報に関しては、⑴の前提が成り立たない。たとえば、匿名の掲示板ではそれぞれの発言と発信者が紐づけられておらず、どの発言が誰によってなされたのか、それらの発言が同一人物によるものなのかどうかを判断するのが難しい。ネット上のニックネームであるハンドルネームを使用している場合でも、同じハンドルネームの人が本当に同一人物なのかどうかを判定する基準が乏しいので、その分だけこの作業は困難を極めることになる。

ここで、そもそもわれわれは**何を基準に、ある人を同一人物だと判断しているのか**が問題となる。この問題は哲学のなかで「人格の同一性の問題」と呼ばれ、長く議論されてきた。そこでの同一性の基準としてよく挙げられるのが、身体的基準と心理的基準である。たとえば、われわれは以前会った友人と今日会っている友人が同じ人物であるかどうかをその顔や身体的特徴をもとに判断しており、この場合は身体的基準からその人の同一性を判断していることになる。しかしあまりに容姿が変化していて別人のようにもみえる場合であれば、たとえ同じ名前を名乗っていたとしても、同一人物かどうか自信がもてなくなる。その場合には、たとえばその人といろいろ話をしてみて、自分が以前会っていた人物と同じような性格をしているか、自分と共有している出来事の記憶があるか、等々から判断することになるだろう。D・パーフィットはこのような性格や記憶の連続性を「心理的連結性」と呼んだが、この場合、相手の心理的な特性を基準に同一人物かどうかを判断していることになる(Parfit 1986)。

しかしインターネット上の人物に関しては、これらの同一性の基準がほぼ役に立たない。身体的基準に関していえば、文字の書き込みだけでは相手の身体的特徴は確認できないし、仮に身体が映っている映像が付与されていたとしても、それが本人のものかどうかはわからない。むしろフェイク画像やフェイク動画(たとえば深層学習を利用した「ディープフェイク」と呼ばれる画像や動画)の作成技術の進歩は、身体的基準によって同一人物だと錯覚させる(が、実は同一人物ではない)ことが可能な状況をつくりだしている。

心理的基準に関しても、相手の性格や記憶を同定できるほどやりとりを繰り返すことは少ないだろう。そして仮にそのようなやりとりがあったとしても、過去のやりとりがネット上で他者に閲覧可能なかたちで残されている限り、それらの共有可能な過去の痕跡を通じて、本当は経験していない「記憶」をもっているかのように振舞うことが容易にできてしまう。

もちろん、ネット上であっても実名で発信していて、実際の人物と紐づけられる根拠を明確に示している場合であれば(いわゆる「なりすまし」の可能性を排除できるのであれば)、現実の人物と対応させて人格の同一性を判断できる場合はある。あるいは、特定のアカウントを使っているSNSや特定のブログやサイトなどであれば、「そのアカウントで言われていること」というかたちでアカウントを「証言者」とみなすことができ、証言の一致条件を評価することはできる。

しかしネット空間でのアカウントは簡単に消し去ることができ、また新しいアカウントとして再出発できてしまう。こうなると、信頼性の評価の対象となる過去の証言集がリセットされてしまい、たとえ実際には過去に多くの間違った情報を発信していたとしても、そのような記録は引きつがれることがない。この点でやはり、自分の過去の発言をどこまでも背負い続けなければならないリアル社会の場合とは大きな違いが存在している。

もともと人格の同一性の議論は、J・ロックが行為の責任を帰属させる主体を特定するために行ったものだった(ロック 1974)。ロックは心理的基準のうちでとくに記憶の連続性を重視するので、もしも眠っているときのソクラテスと起きているときのソクラテスのあいだに記憶の連続性がないのであれば、その二人は異なる人格（つまり他人）だということになる。そうすると、片方の犯した罪の責任を他方に負わせることはできないことになる。これはネット上の証言に対しても、同じことがいえる。たとえその書き込みをした本人にとっては記憶の連続性が保たれていたとしても、われわれの側がそれを知りえないのであれば、われわれは過去の書き込みに対する責任の主体を特定することはできない。ネットにおける証言が無責任で「言いっぱなし」になりがちな最大の理由はここにある。

このように、ネット上の証言に関しては、過去の証言の一致条件を評価することが困難になるような構造上の理由が存在している。

モニタリングができないネット空間

では、誠実性条件に関してはどうであろうか。ネット上の証言は、近年TikTokやYouTubeなどの動画やリアルタイム配信が増えてきているとはいえ、書き言葉によって伝達されていることが多い。この場合、証言者を直接モニタリングできる状況であれば入手可能な知覚情報（どのような目つきや表情をしているのか、どのような格好をしているのか、どのような口調やイントネーションでしゃべっているのか、等々）が得られず、証言の誠実性を判断する材料が乏しくなる。

しかし、証言の意図を解釈することはできる。とりわけ重要となるのは、その状況でわざわざ間違った情報を与える動機の有無である。先ほどみたようにネット上の証言は責任が追及されにくい構造をもつにもかかわらず、リアル社会とは比べものにならないほど多くの人々に届く可能性がある。この特徴は、ネット上でフェイクニュースを発信するさまざまな動機を与えることになる。

政治的な動機

フェイクニュースの典型例は、政治に関わるものである。それは「フェイクニュース」という言葉が、二〇一六年のアメリカ合衆国大統領選挙やイギリスのEU離脱(ブレグジット)投票が行われる過程で人口に膾炙《かいしゃ》していったことからも明らかである。日本でも、過去の国政選挙や注目を集める地方の首長選挙などで多くのフェイクニュースが拡散されてきた。なぜ政治的なテーマはフェイクニュースの温床になりやすいのかといえば、それは、政治的立場の対立構造が存在することで相手側よりも自分が支持する側に有利になるよう人々を誘導したいという動機が形成されやすく、それが正しい情報を伝えたいという動機を上回るからであろう。

近年では、自国の立場を有利にするために国家主導のプロパガンダとしてニュースが発信されている場合もあり、フェイクニュースは国家間の情報戦争の一環として発信されることも増えてきている(一田 2018)。このような国家主導のフェイクニュースは国外向けにも(ウクライナに侵攻するロシアのように)、国内向けにも(かつての大本営発表のように)行われており、自国の利益(とその時の指導者が想定する利益)を最大化することが正しい情報を伝えることよりも優先される目的となっている。

このように、選挙期間中になされる政治的な発信や、国際的な紛争に関する紛争当事者や支援者からの発信には、フェイクニュースを拡散させる積極的な動機が存在する。それゆえ、通常の状況以上にその意図を吟味し、嘘やミスリードの可能性を疑ってみる必要がある。

経済的な動機

それ以外の動機として、経済的な利益を挙げることができる。前章でみたマケドニアから発信されたフェイクニュースのように、閲覧数を稼ぐことが経済的利益を上げることにつながっている場合、より多く閲覧してもらうことが目的となるので、情報の真偽は二の次になりやすい。そして、より多くの人をおびきよせるために煽情的なタイトルをつける「釣りタイトル」などを駆使して、意図的に読者のミスリードを誘うインセンティブ(動機づけ)が生じる。このように、閲覧数に応じて報酬が支払われたり、掲載した広告経由で発生した売り上げの一部が支払われる成果報酬型の広告(アフィリエイト)と連携しているインターネット上の情報配信などは、正しい情報を伝えることよりも、多くの人の目に触れることの優先度が高くなりがちである。

さらにインターネット上には、いわゆる「スポンサードコンテンツ」のように、一見すると事実を伝える記事のように見せかけてはいるが、実質的には企業の広告となっている場合もある。あるいは、商品を使ってみた結果の口コミのように見せかけながら実際には商品の宣伝をすることでスポンサーから金銭的な対価を得る「ステマ(ステルスマーケティング)」と呼ばれるものもある。これらの場合は、企業の経済的利益や個人の経済的利益を上げることのほうが、事実を伝えるという動機よりも優先される可能性が高まる。

このように明らかに経済的な利益が発生する可能性がある状況においては、通常の状況以上に嘘やでたらめ、ミスリードの可能性を疑ってみる必要がある。

面白がらせたいという動機

さらに別の動機も考えられる。二〇一六年の熊本地震直後、「うちの近くの動物園からライオン放たれたんだが」とツイートした投稿者は、のちに動物園に対する偽計業務妨害の罪で逮捕された際に「悪ふざけでやった」とその動機を供述している。これは政治的動機でも経済的動機でもなく、自分の発信に対する世間の反応をみて楽しむことが動機だった。このように、ネット上ではしばしば人を面白がらせることが目的になる。

似たタイプのものとして、パロディや架空の話を発信することで社会風刺を行ったり、ユーモアを提供したりするものも挙げられる。「なるとの水揚げが最盛期」「円周率ついに割り切れる」などの虚構の記事で有名なサイト「虚構新聞」などもこのようなタイプの発信である。これらはそもそも他人を欺く意図もなければ、ミスリードする意図もない。多くの場合フィクションであることを明示したうえで、それを冗談として楽しんでもらうことを意図している。しかしその内容が提示された文脈から切り離されて拡散してしまえば、一部の人たちに事実として混同された結果、フェイクニュースとみなされてしまう。

もちろん、このように嘘をついたり（ホラをふいたり）、冗談やパロディを発信したりすることで面白がることはリアル社会の日常的な会話でも生じる。しかし会話の文脈が特定できず、相手の表情や振舞いをモニタリングできないネット上のやりとりでは、相手が真面目にその情報を発信しているかどうかを判定するのがより難しくなる。それゆえネット上では、リアル社会以上に嘘や冗談ではないかと疑ってみる必要が生じる。

評価可能な能力条件とは

では、三つめの能力条件に関してはどうであろうか。ネット上の証言者が匿名の場合や、未知の人である場合には、その証言者についての事前知識がないので、その能力や立場を判断するのは難しい。

しかし、評価可能な観点もある。たとえば、その証言がある会社の内部情報についてのものであれば、その証言者がその情報を知りうる地位にいる人かどうかは評価の対象となるだろう。あるいは、医学的な知見についての証言であれば、そのような専門的な知識をもっているかどうかが問題となる。したがって、これらの点に関連する質問を投げかけてテストしたり、追跡できる限りでその人のネット上での発言を調べてみたりすることを通じて、問題の事柄に関する知識や立場を推し量ることはできる。さらに、証言者の経歴や所属などの属性が参照できる場合には、それらをもとに証言者の能力や立場をある程度判断することも可能である。

しかし、質問への回答が本当に自分の知識によるものなのか(ネットで調べた情報をそのまま回答しているだけではないのか)、証言者の属性に関して記載された情報が本当に正しいものなのか、などに関しては検証の限界がある。この点で、ネット上の証言者の能力に関してはやはり評価の限界が存在し、その点を割り引いたうえで判断する必要がある。

ネットの証言を取り巻く不透明さ

以上みてきたように、ネット上の証言は証言者の顔がみえづらいだけでなく、証言者の動機や属性もみえづらくなっている。それゆえ、その証言を取り巻く状況もまた不透明になる。たとえば、リアル社会でわれわれは、訪問販売に来た人が言っていることと、鉄道会社の駅員が言っていることを同じように信じたりしないだろう。それは、どちらの相手も初対面であったとしても変わらない。この違いは、前者が私に嘘をつく経済的動機をもっているのに対して、後者はそうではない（むしろ会社の信用を失うことで経済的なデメリットが生じる）と思っているからである。あるいは、前者がある特定の情報を入手可能な立場にいるとは思えないのに対して、後者はそう思えるという理由もあるかもしれない。このような違いを踏まえると、駅員の証言に対しては「その証言を疑う積極的な理由が存在しない限りは、その証言をまずは信じる」という〈証言だけで十分派〉の態度をとる理由が存在するのに対して、訪問販売員に対しては、「その証言を信じる積極的な理由がない限り、その証言を信じることをまずは留保する」という〈証言だけでは不十分派〉の態度をとる理由が存在する。

　しかしネット上の証言の場合は、自分が置かれているのがこのどちらの状況により近いのかが不透明である。それゆえ、まずは証言者と自分を取り巻く状況を一歩引いた視点から確認してみる必要がある。たとえば、大きな選挙を目前に控えていないか、経済的な利益と結びついてはいないか、フィクションの可能性はないか、等々の状況を見極めたうえで、その情報が間違っていた場合のリスクも勘案しながら、証言を信じるための条件のハードルをみずから上げ下げする。こうしてその証言を信じてよいかどうかをきめ細かく判断していく必要がある。

認識目標の再点検

リアル社会とネット上の証言のこのような違いをみてくると、ネット上の情報からはできる限り身を遠ざけておいたほうがいいと考えたくなるかもしれない。S・バーネッカーは、特定の情報源からのニュースを見聞きしないようにすることを、「ニュース断ち」と呼んでいる(Bernecker 2021)。一般的なニュース断ちの理由としては「ニュースを聞くと暗い気持ちになりがちだから」などの理由が挙げられることが多いが、彼はニュース断ちを認識論的観点から分析したうえで、フェイクニュースが蔓延し本物のニュースとの識別が困難な状況では、ニュース断ちをすることは認識論的に許容され、推奨されると主張している。しかし、本当にそう言ってしまってよいのだろうか。

認識論ではしばしば、われわれの認識の目標が「**真なる信念を最大化し、偽なる信念を最小化すること**(真理を多く、誤りを少なく)」にあるとされてきた(Alston 2005)。しかし実のところ、真理を多くすることと誤りを少なくすることは、常に同時に満たされるわけではない。たとえば、自然科学の研究で大胆な仮説をとれば、得られる真理の可能性は大きいものになるが、陥る誤謬の可能性もまた大きいものになる。しかし、だからといって間違うことを恐れ、誤っている可能性が小さい仮説だけを扱っていたのでは、新たな知識の領野を開拓することはできないだろう。

これと同様に考えるならば、間違った情報を信じることを恐れてインターネット上の情報に接触するのを過度に制限することは、獲得できるはずだった真なる情報が得られなくなり、結果として知識の幅を制限してしまうことにもなりかねない。インターネットが従来の紙媒体をはるかにしのぐ量の情報を伝達する媒体となったいま、「ニュース断ち」のデメリットは今後ますます大きくなっていくことだろう。

それゆえ、誤謬を過度に恐れてネット上の情報に対して臆病になりすぎることなく、かといってそれを無謀なまでに信じすぎることもない中間のところで、インターネットを活用する知的な勇気をもち続ける必要がある。その際には、真理を気にかける知的な真摯さを保ちながら、ネット上の証言がなされる状況に応じて信頼性を評価する知的な自律性を発揮できるようにすること。これが、リアル社会の場合以上に必要なこととなる。

第2章　うわさは信じてよいものか

信じてはいけないものの代表？

「うわさを信じちゃいけないよ」という歌があったように、一般的にうわさはあてにならないものであり、信じてはいけないものの代表だとされる。実際、熊本地震の際に広まったライオン脱走のうわさや、新型コロナウイルスが発生した当初に広まったトイレットペーパー品薄のうわさが引き起こした騒ぎは記憶に新しいところだろう。

そしてこのような事例は古今東西、枚挙にいとまがない。戦前のアメリカでラジオドラマを発端とし、新聞報道が加速させた「火星人来襲」はよくうわさの例として挙げられる。日本でいえば、関東大震災後の混乱のなかで朝鮮人が強盗をし、井戸に毒を入れたといううわさが引き起こした悲劇は、よく知られるところだろう。あるいは、電車内で女子高生グループが交わした「信用金庫って危ないんじゃないの（強盗に襲われるから）」という冗談から最終的に取りつけ騒ぎにまで発展した豊川信用金庫事件なども有名である。

このような事例を並べていくと、確かにうわさは信じてはいけないもののように思われてくる。しかし、本当にそうなのだろうか。

もうひとつ考えてみたい問題がある。それは、うわさの伝達媒体の違いである。先ほど例に挙げた古典的な事例では、うわさは人々の口コミやラジオや新聞を通じて広まっていった。それに対して、ライオン脱走のうわさは、市街地を歩くライオンの写真とともに投稿されたツイッター(現在は「X」)に投稿され、リツイート(再投稿)を通じて瞬く間に拡散していった。トイレットペーパーが品薄だという情報が広まったのは最初はSNSからだったが、その後のマスコミ報道が(SNSの情報はデマだと否定するものであったにもかかわらず)品薄状態を加速させて、元の間違った情報が結果として事実になってしまったという少々複雑な事例であった。では、うわさを伝える媒体の違いは、うわさを信じてよいかどうかという問題に何か違いをもたらすのだろうか。

うわさとは何か

「うわさ」という日本語には、間違った情報というネガティブな響きが含まれているかもしれない。しかし、ここではまずうわさを「真偽がまだ確定していないもの」と捉えておきたい。というのも「間違った情報を信じてはいけない」ことは自明のように思われるので、偽であるという意味を含ませてしまうと「うわさは信じてよいものか」という問いがそもそも成り立たなくなってしまうからである。以下、間違った情報については「デマ」という言葉を使うことにしたい。つまりこの用法に従うと、「うわさ」は偽であることが判明した時点で「デマ」であったことになる(「デマゴギー(demagogy)」には「民衆を煽動するために政治的な意図で流される」という意味が含まれているが、本書では政治的で意図的なものに限定しない意味で「デマ」という語を用いていく)。

うわさに関する先行研究としては、G・W・オルポートによる社会心理学の研究が有名である。彼はL・ポストマンとの共著『うわさの心理学(*The Psychology of Rumor*)』(邦訳のタイトルでは『デマの心理学』と訳されているが、先に挙げた理由で本書ではこう訳出した)の序文で、「うわさ(rumor)」を次のように定義している。

> うわさとは、特定の事柄について(あるいは時事的な事柄について)信じるように提案されるものであり、人から人へと伝達されるものであり、普通は口伝えによるものであり、確かな証拠の基準が存在していないものである。(Allport & Postman 1947, p. ix. 引用者訳)

ここで「確かな証拠の基準が存在していない」とあるのは、先ほど述べた「真偽がまだ確定していない」という特徴とほぼ同じである。また「普通は口伝えによるもの」とあるが、現在われわれが生きる時代のうわさはオルポートの時代とは異なり、口伝えで広まることばかりが普通とは言い切れなくなっている。したがって現代のうわさを定義するのであれば、ここに新たに「ネットを通じたものであり」という伝え方（「ネット伝え」）を付け加える必要があるかもしれない。

社会学者の松田美佐は、うわさを政府の公式発表やマスメディアのような制度的な情報チャンネルを通じて流布する情報と対比し、「人から人へとパーソナルな関係性を通じて広まる情報」と特徴づけている（松田 2014）。そのうえで、現在うわさを伝える媒体のひとつとなっているインターネットを経由する情報が、マスメディアの情報とも、友人から直接聞く話とも異なっていることから、「パーソナルな関係性を通じて」という定義があいまいになっている現状を指摘している。本書ではこの松田の指摘を踏まえたうえで、先ほどのオルポートの定義に出てきた「人から人へと伝達されるもの」を、さまざまな人間関係を包含した、もっとも広い意味で捉えておきたい。

前章でみた他人の証言との違いを明確にしておくならば、ここで焦点を当てたいのは自分の経験や知識を他者に直接伝えるタイプの情報ではなく、多くの人々をあいだに挟んで伝わっていくタイプの情報である。この規定を加えて本章で考えたいうわさを定義しておくならば、**「多くの人があいだに入って、人から人へと伝達される、真偽がまだ確定していない情報」**となる。

オルポートの実験

うわさを信じてはいけないと考えたくなる研究として、先のオルポートの実験をみてみることにしよう。

まず、最初に選ばれた被験者の一人が部屋のスクリーンに映し出された絵を見る。そしてその内容を、絵を見ていない別のメンバーに口頭で伝えるよう指示される。その際には二〇項目の内容を含まなければばならない。それを聞いたメンバーは、伝えられた内容をできる限り忠実に別のメンバーに伝えていく。このような伝言のやりとりを繰り返していくと、伝えられる内容はどのように変化していくのだろうか。

その結果、多くの人によって伝言が繰り返されると、伝達の過程でうわさが短くなったり、単純化されたり、より平易になったりする平準化(leveling)と、伝達する人が事前にもっている心理状態に合わせて情報内容が変容していく同化(assimilation)の傾向が現われることがわかった。平準化に関しては、絵の内容や伝達の状況を変えて実験したところ、五、六人を介するとおよそ七〇パーセントの要素が元々の情報からふるい落とされてしまうことが示された。同化を典型的に表す例としては、先入見への同化が挙げられる(図)。たとえば、電車内を描いた絵の内容を伝える実験では、かみそりをもっているのは白人であるが、黒人がかみそりをもっているという記述が数多く現われた。さらに、そのかみそりで黒人が白人を脅していると記述されたこともあった。ここには黒人に対する先入見、予期、恐怖、憎悪など当時の被験者があらかじめもっていたであろうさまざまな心理状態が影響を与えており、見たり聞いたりした情報がその人の心理状態に同化させられている。そしてこのような同化はほとんどの場合、意識的に行われているものではない。それゆえ、情報を歪めていることを本人が気づかないまま，内容が改変されていく。

図　オルポートの実験．先入見への同化が示された．

認知的な歪み

オルポートの研究は、人によって伝えられる情報伝達の特徴を改めて浮きぼりにしてくれる。物を媒介する例として少々古めかしいが、録音テープを対比させて考えてみよう。録音テープの場合、ひとつのテープから別のテープに録音しなおすと、ノイズが入ったり、音を拾いきれなかったりして、わずかではあるが元の音声とは異なったものとなる。そして、その音の差違は録音を繰り返せば繰り返すほど増大し、最初の音とは異なったものとなっていく。人が人に口頭で伝達していく場合も同様に、情報が多くの人を経由すればするほど、人間の記憶力や再現能力の限界ゆえにその正確さが失われる。この点に関していえば〈物〉を媒介とした伝達と〈人〉を媒介とした伝達は似ている。

しかし、大きく異なる点もある。オルポートの実験が示しているのは、人を媒介とする伝達の場合には情報内容を一変させてしまうようなフィルターがかかっているということである。われわれ人間はある特定の見方や考え方のもとで情報を受け取るが、それは先入見や感情といった人間固有の性質によって大きな影響を受ける。前章では偽なる証言をもたらす、不誠実な発話の動機を検討したが、たとえ誠実に発話されていたとしても、そして記憶力が問題なく発揮されていたとしても、伝えられていく情報が正しさから遠ざかっていく人間の認知メカニズムが存在するのである。このような認知的な歪《ゆが》みは多くの人を経由すればするほどより大きくなり、情報はより不正確になる。したがって、人々の口から口へと伝えられるうわさは、やはりあてにならない、信じてはいけないと言いたくなる。しかし、本当にそうだろうか。

うわさは信じてもよい(コーディの反論)

うわさを信じてもよいと考えたくなる議論の代表として、哲学者のコーディの議論を紹介してみたい。彼は『いま何を信じるべきか——現代的問題への認識論の応用』のなかで、「うわさを信じてはいけない」という一見、常識とも思われる見解に反論している(Coady, D. 2012)。コーディによれば、オルポートが行った実験室での状況とわれわれがうわさを聞く実際の状況は異なっており、実験の帰結をそのまま日常生活にあてはめることはできない。そこで強調されるのは、実際の状況では聞き手がそのうわさの正しさについて判断できる可能性である。

第一の違いは、**事前知識の有無**である。オルポートの実験では、絵を見ることができるのは最初の一人だけであった。それゆえ、その後に伝達する人にとっては、自分に伝えられた情報がすべてであった。それに対して、通常われわれが耳にするうわさはまったく未知のものではない。少なくとも話題になっている事柄について、事前知識をある程度もっている。

たとえば、ある人についてのうわさが聞こえてきたとする。その場合、その人について普通は何かを知っているだろう。まったく知らない人物は、そもそもうわさの対象にならないだろうからである。したがって、事前知識をもとに、その人物に関するうわさが真実でありうるか、あるとしたらどの程度ありうるのか等々をある程度は判断できる。同様に、ある地域で事件や事故が起こったといううわさがあった場合でも、その地域についての事前知識や常識をもとに、どのくらいありえそうかを判断することは可能であろう。まずはこの点が、通常のうわさとオルポートの実験との違いとなっている。

第二の違いは、**うわさを伝え合う人間同士の関係性**である。オルポートの実験では、見知らぬ人たち同士がそのためだけに集められていた。それに対して日常的なうわさの場合は、お互いによく知っている人同士の個人的な関係性を通じて広まっていくことが多い。それゆえ、その人が正直な人か、いい加減な人か、おっちょこちょいな人か、思い込みが激しい人か……、人となりは事前にわかっているから、この事前知識をもとに、うわさが信頼できるかどうかを評価することができる。つまり、前章でもみたとおり、「何を聞いたのか」だけでなく、「誰から聞いたのか」という観点からもうわさの信頼性を評価することができる。ここでの「誰から」には、直接自分に情報を伝えた人だけでなく、うわさの情報源となった人も含まれ、もしも情報源がわかる場合には、その人物についての知識をもとにうわさを信頼してよいか考えることもできる。

第三の違いは、**うわさの伝え方**である。オルポートの実験では、聞いたことをできるだけ忠実に再現することが求められており、すべての被験者が断定表現で情報を伝えていた。それに対して、通常のうわさの場合には、その情報を伝える際に情報の確証度を表す言葉が付け加えられることが多い。たとえば、冒頭で紹介した豊川信金事件でいえば、うわさの初期段階では「あの信用金庫は危ないらしい」と、「らしい」という推量を表す表現がつけられていた。しかしそのうわさが伝わっていく過程でこの表現がとれて、最後には「危ない」という断定調になって伝わり、人々の混乱を招くことになった。このような断定を避ける表現としては、「らしい」以外にも「本当かどうかはわからないけど」「あくまでも聞いた話だけど」等々の表現が挙げられる。

われわれはこれらの表現をもとに、その情報がどの程度確からしいのかを判断することができる。たとえば、「本当かどうかはわからないけど」という言葉とともに伝えられた情報は、断定調で伝えられた情報に比べて、確からしさを割り引いて受け入れるべきものとなるだろう。もちろん、ここでの確証度は伝え手がその情報をどう判断しているのかを示すものにすぎず、それが実際の確からしさと一致しているとは限らない。しかしそれでも現実のうわさに関しては、聞き手がこれらの表現の違いを手がかりとして、その情報をどの程度真剣に受け取るべきかを判断することはできる。

第四の違いは、おそらくもっとも重要なポイントとなる。オルポートの実験では、その絵を直接見た人物、すなわち情報源となる人物は一人しかおらず、聞き手にとっては、その人から伝えられる情報ルート以外に情報を得るルートが存在していなかった。それゆえ、その情報の正しさを自分が伝えられた情報以外の何かに訴えて確かめることはできなかった。

それに対して実際のうわさの場合には、**異なる情報源**にあたってその信頼性を確認できる。そして、複数の情報源にあたって同じ情報が確認できれば、うわさの信頼性は高まるし、そうでなければそれはうわさの域を出ないことになる。しかしここで気をつけなければいけないのは、これは単に複数の情報ではなく、複数の情報源にあたった場合にいえることだという点である。

たとえば、ある事件の目撃者はAさん一人で、それがBさん、Cさん、Dさんと伝わっていったとしよう。ここでもしもBさん、Cさん、Dさんがオルポートの実験のように伝え聞いたことをそのまま次の人に伝えていたならば、私がAさんと同じ情報をBさん、Cさん、Dさんと、複数の人から伝え聞いたとしても、そのうわさの信頼性が高まるわけではない。

間違ったうわさが広まったケースとしてよく知られている火星人襲来にせよ、豊川信金事件にせよ、ひとつの情報源から発した情報が多くの人に伝えられた結果広まっていったものが多い。そしてうわさが広く拡散してしまった後となっては、元々の情報源がひとつだったことも覆い隠され、あたかも多くの人の証言によってその情報が裏づけられていると錯覚してしまった人も多かったのだろう。そしてこのような誤情報の連鎖を止めたのは、マスメディアにせよ、警察等の公的機関による公式発表にせよ、うわさの元となった情報源とは異なる情報源から伝えられた情報であった。このように複数の情報源にあたってみることができる点で、通常のうわさの聞き手はオルポートの実験の場合とは異なる立場にいることになる。

判断を保留する意味

ここまでみてきたように、通常のうわさは、伝えられた内容以外にその信頼性を判断するためのさまざまな根拠をもつことができる。つまり、うわさを伝える人は、単に右から左へと情報を受け流す存在でもなければ、歪みの発生源でもなく、自分で手にした根拠をもとにその情報の正しさを自分自身で判断できる知的に自律した主体でありうる。

そしてその自律性は、自分が聞いたうわさを信じるかどうかだけでなく、そのうわさを他人に伝えるかどうかに関しても発揮されうる。つまり、オルポートの実験状況と違い、われわれはうわさの信頼性が低いと判断した場合や、正しいかどうか判断できない場合に、その情報を「伝えない」という判断をすることができる。古代ギリシアのピュロン派の懐疑主義は、ある主張をそのまま受け入れるのではなく、かといってその主張をすぐに否定してしまうのでもなく、いったん正誤の判断を保留すること（エポケー）が重要だと考えた（セクストス・エンペイリコス 1998）。うわさについても嘘か本当かをすぐにどちらかに決めたくなるが、いったん判断を保留したうえで、誰にも伝えないという判断をすることは、フェイクなうわさの拡散を防止する意味でも大切なこととなる。

さらにコーディは指摘していないが、聞き手が伝え手に対して質問できることも実験との重要な違いである。われわれのうわさの伝達は、伝言ゲームとは異なり、不明瞭なところや納得できないところについて相手に尋ねることができる。そしてこのような自発的な質問を経て、疑問点を払拭できたならば、他人に伝えるかもしれない。あるいはそれでも疑問点が残るのであれば、自分のところで留める判断をするかもしれない。このとき、うわさを媒介する人は知的な自律性を発揮しているといえる。

ここまでみてきたことを逆向きに捉えれば、あるうわさが伝わってきたという事実は、そのうわさがこれらの判断のフィルターを潜り抜け、生き残ってきた情報であることを示している。したがって、先ほど、うわさの定義に組み込んだ「多くの人があいだに入る」という特徴は、必ずしもオルポートのいうように情報を不正確にするとは限らないし、人間というフィルターも情報を歪める方向にのみ働くわけではない。うわさが広まっていく過程は、オルポートの実験のような受動的な伝え手によって担われるだけではなく、知的に自律した伝え手が情報を批判的に吟味しながら媒介しうる。その過程を通じて情報の不足や不備が補われ、正確さがより増していくこともありうる。したがって、多くの人があいだに入るという事実はうわさを信頼できないものにするのではなく、むしろうわさの信頼性を増すものだと考えることもできる。

ネット上のうわさは信じてよいのか

では、ネット上のうわさはどうであろうか。SNS上で広まった「ライオン脱走」や「トイレットペーパー品薄」などのうわさの媒介者には、知的な自律性を発揮する余地はあったのだろうか。

まず、リアル社会ではうわさの拡散の範囲は限定されている。それは、近しい人間関係を経由して伝わっていくからであり、うわさを伝える行為そのものに一定の時間がかかるので、そもそも短時間に広範囲に伝えることが不可能だからでもある。

一方、インターネットはまさにその不可能を可能にした。しかしその結果として、その情報が届く人たちが多様になった。日常生活では、趣味の話であれ、学校の話であれ、学問の話であれ、同じ話題に興味をもち、ある程度同じ知識を共有しているメンバーで会話のグループが形成されることが多い。それに対して、ネット空間は従来であれば交わることのないグループに属する人たちが一堂に会する場を提供した。このような状態は「**文脈の崩壊**（context collapse）」と呼ばれ、文脈を共有しない者同士のコミュニケーションにさまざまな認識的な問題が生じることが指摘されている（Frost-Arnold 2023）。そのひとつが、**前提知識が共有されていない**ことである。あるうわさについて、その分野や地域についてある程度知っている人であれば否定できても、そうでなければ、真実のように思えてしまうことがありうる。また、前提知識が共有されていないがゆえに、そこで伝えられている言葉の意味を誤解して受け取ってしまうこともありうる。

このようにうわさの内容を理解し、判断する文脈が共有されないネット空間では、うわさの主題についての事前知識をもっているという第一の論点が成り立たないことが多い。

うわさを伝え合う人間同士の関係性については、ネット空間でさらに大きな違いが出てくる。というのも、ネット上のうわさはよく知らない人同士のあいだで広まっていくという点に大きな特徴があるからである。もちろん、ネット上でも公開範囲を知人に限定できるが、必ずしもそうなっているわけではない。そして、不特定多数に公開される情報は、その情報の発信者、伝達者、受信者が互いに知らない間柄であることが多い。それゆえ、情報の確からしさを発信者や伝達者に関する事前知識から判断するという方法が使えない。

リアル社会におけるうわさの場合は、職場の同僚であれ、学校の友人であれ、そのうわさの伝達に携わった人たちをある程度推定することもできるだろう。したがって、その人たちがどの程度信頼できる情報の伝え手か、どの程度知的な自律性を発揮しているかを検討して、うわさの信頼性の有無を評価できる。たとえば、大学や職場で友人から聞くうわさはほとんど信じる人であっても、情報の真偽にあまり関心がないうわさ大好きグループから伝わってきたと知ったならば、信頼性を低く見積もることはあるだろう。ネット上のうわさは**伝達者の顔が見えず、不透明になっていることも多い**がゆえに、このような方法で情報の確からしさを評価するのが難しくなっている。

「うわさの伝え方の違いをもとに判断できる」というポイントはどうだろうか。例外はあるが、ネット上の情報が「本当かどうかはわからないけど」という留保をつけて伝えられることは少ないように思われる。

その理由としてまず考えられるのは、ネット特有の表現の制約の問題である。とりわけSNSやX（旧ツイッター）で文字数の制限がある場合は、情報をできるだけ切り詰めて伝える必要がある。それゆえ、**確証度を表す留保表現などは真っ先に省略される**ことになる。

あるいは、もう少し積極的な理由も考えられる。いわゆる「釣りタイトル」などの例でもわかるように、ネットに情報をあげる人には、読み手にできるだけインパクトを与えて、多くの人に自分の情報をみてもらいたいという欲求が存在していることがある。さらに、ネット空間では、情報の真偽や質よりも人々の関心や注目を集めたほうが広告収益などにつながる、いわゆる「アテンション・エコノミー」が成立している。したがって、留保をつければ人々の注目度を弱めてしまうと考えて、留保表現は意図的に使わず断言が目立つようになる。

「異なる情報源に由来する情報ルートが存在する」ことはどうだろうか。この問題は二つのケースに分けて考えることができる。ひとつは、ネット上の情報の正しさを**ネット以外の情報ルートを通じて確かめる**ケース、もうひとつは**ネット上で別の情報と照らし合わせて確かめるケース**である。

前者は、現実のうわさとそれほど大きな違いが生じないだろう。問題は後者である。たとえば、あるネット上のうわさの真偽を確かめようとして、キーワードで検索してみたところ、同じような内容の書き込みがたくさん見つかった。このことは、そのうわさの信憑性を高めることになるだろうか。それは、先ほどみた情報源と伝達ルートによる。もしもたくさんのサイトで同じ情報を伝えていたとしても、その元をたどればひとつの情報源に行き着き、同じ情報がただ繰り返されていただけだったとすれば、同じ発信をしている人の数の多さはその内容の信頼性を高めてくれない。とりわけネット上では、画面上のデータを別の場所へ複製するいわゆる「コピペ（コピー&ペースト）」やさまざまな情報をSNSのフォロワーと共有できる再投稿(re-posting)などによって、同一の情報源からの情報が大量に拡散している場合が多い。

ただ逆にいえば、元の情報がそのままのかたちで保存されて伝えられることになるので、リアル社会のうわさよりも情報源を特定しやすい側面もある。したがって、多数の発信に埋もれている情報源にまで遡って、本当に複数の情報源が伝えているものなのかを(前章のチェックポイントをもとに、その情報源が信頼できるかどうかも含めて)確認する必要がある。

ワンクリックで伝わる功と罪

最後のポイント「情報を伝えるかどうかを伝え手が判断できる」という点に関してはどうか。おそらくここにも、身の回りで伝えられるうわさとの違いは存在している。たとえば同僚や先輩についてのうわさを別の誰かに伝える場合には、自分が改めてその内容を言葉にして発話する必要があり、それなりに時間と労力がかかる。そして、うわさを聞く相手にもそれを聞くあいだの時間と労力をとらせることになる。現実のうわさにかかるこのようなコストは、実はけっこう重要である。それは、そのコストをかけてまでその情報を伝えるべきか考える余地が生まれ、そこまで重要でなかったり、信憑性が低かったりするうわさであれば、「わざわざ伝えなくてもいいか」となるからである。さらに、その情報を伝える相手がすぐ近くにいないことも多いので、これまでみてきたような仕方でうわさの信憑性を吟味する時間的余裕もある。通常のうわさの場合は、これらの要素が情報の吟味を動機づけている。

それに対して、先ほどみたSNS上の再投稿はクリックひとつでできるので、ほとんど労力も時間もかからない。このような「コスパ（コストパフォーマンス）」や「タイパ（タイムパフォーマンス）」のよさは、わざわざ伝えるべき情報であるかどうかを吟味する動機を失わせる。また、**その情報に触れてからクリックして投稿するまでの時間もきわめて短い**。それゆえ、その情報の信頼性を吟味することが難しく、立ち止まって考え、その結果として「伝えない」という判断も生じにくい。

もちろんこのような即時性と手軽さは、災害が発生したときには、さまざまな有用な情報が瞬時に拡散されるなど数多くのメリットがある。加えて、情報内容に手を加えない再投稿は、オルポートのいう平準化や同化を免れて元の情報をそのまま伝達できるというメリットがあるともいえる。しかしその裏返しとして、これらの要素はその情報を伝えるべきかどうかの判断が十分なされない要因にもなっている。ネット上のうわさの伝達者は、情報フィルターの役割を果たしていない場合が多いと思われるが、それは必ずしも本人にのみ責任があるわけではなく、リアル社会のうわさとは異なるネット上の情報共有の仕組みが、知的な自律性を発揮しにくい状況をつくりだしてしまっている側面もある。

再投稿における保証

ここで少し、ネットにおける再投稿に固有の責任とリスクの問題についても検討しておきたい。

「**証言の保証説**」と呼ばれる立場では、証言を保証の一種とみなして、証言の責任を、証言した情報の正しさを保証したことに対する責任として捉える。たとえば、春美さんが私に「外は寒いよ」と言っているとき、彼女は単に外の気温についての情報を伝達しているだけではなく、その情報の正しさを私に請け合い、保証(assure)していることになる(Moran 2006)。だからこそ私が春美さんの発言を信じ厚着をして外に出てみたのにぜんぜん寒くなかった場合に、「外はちっとも寒くないじゃないか」と春美さんを責めるのである。この点で、春美さんは自分の証言に責任を負っている。

しかしネット上の証言の場合には、このような証言の責任が不明確になる場合がある。そのひとつが、やはり再投稿の場合である(そしてもうひとつが、前章でみた匿名による証言の場合である)。再投稿では、それがどのような意図でなされているのかがその再投稿をみただけではわからない。そもそもその発信者が再投稿された内容を支持しているのかさえもわからない。この点はしばしば法的な観点(たとえば、名誉毀損等の不法行為となりうるのかどうか)からも問題となるが、仮に再投稿者は内容を支持するつもりがなくても、それを受け取る側は通常の証言と同様にその情報の正しさを保証していると捉えることが多い。このような発信者と受信者の認識のずれを踏まえて、R・リニは再投稿を「**歪んだ証言**(bent testimony)」と呼んでいる(Rini 2017)。

リアル社会のうわさの場合では、春美さんの発言を聞いた私が秋子さんに「外は寒いんだってよ」と伝えた場合、春美さんだけでなく、私も証言の責任を免れることはできないだろう。それは私の証言もまた、秋子さんに対してその情報の正しさを保証していることになるからである。しかし、歪んだ証言である再投稿の場合には、同じことがいえるかどうかわからない。

この問題は、他人の証言を再投稿する場合だけでなく、Google 検索の結果や ChatGPT の回答をシェアする場合にも生じうるし、言語によらない画像やイラスト、映像だけのショート動画などをシェアする場合にも生じうる。したがってこのような歪んだ証言に関しては、現状では受け手が通常の証言と同様に扱う可能性を想定する必要があるし、その情報の正しさを保証する意図がないのであれば、そのことは明示すべきである。

情報源の信頼性に対するリスク

再投稿に関するもうひとつの問題として、S・ライトは再投稿がもたらす認識的リスクを指摘している(Wright 2021)。一般的に参照先を伴う証言には、二つのリスクがある。たとえば、私が知人に「ニューヨーク・タイムズで大統領がまた失言したのを読んだよ」と言う場合、その発言によって私が「大統領がまた失言した」ことを真だと思っていることが伝えられるだけでなく、私がニューヨーク・タイムズを信頼できる情報源だと思っていることも暗示的に伝えられることになる。したがって、受け手に誤った信念をもたらすリスクだけでなく、その情報源の信頼性について誤った信念をもたらすリスクも存在することになる。

この情報をSNSで再投稿する場合、ニューヨーク・タイムズ(のアカウント)が投稿した「大統領また失言」という記事を自分のアカウントで再表示することになるので、参照先の提示と伝達内容が一体となって示される。しかも、その参照先へはクリックひとつでアクセスできる状態になる。その結果、通常の会話以上に、聞き手がその情報源から情報を入手する機会を増やすことになり、情報源の信頼性についてのリスクもまた増大する。たとえば、ある再投稿で示された情報源がフェイクニュースを頻発する○○研究所というサイトだったとすると、再投稿の内容を正しいと信じた人はその情報源も信頼できると思ってアクセスしてしまい、そこでさらに多くの誤った信念を植えつけられることになる。うわさを伝える際に、情報内容が偽であるリスクを意識している人でも、情報源の信頼性に対して誤った信念を形成するリスクまで意識することは少ないかもしれない。しかし、とりわけネット上で再投稿をする場合には、こちらのリスクにも気を配る必要がある。

以上みてきたように、コーディが挙げたうわさの信憑性を判断するための根拠は、ネット上のうわさに関しては成り立たないところが多々ある。そしてその違いは、情報を伝える人々が知的な自律性を発揮するのを困難にする要因にもなっており、ネット上のうわさに関しては情報伝達過程で伝え手によるフィルタリングが十分なされていない場合も多い。

もちろんその可能性はリアル社会のうわさにもありうるし、逆にネット上のうわさであったとしても、信頼が置ける人たちを通じて伝えられているのであれば、フィルタリングが十分に機能していると考えてよい場合はある。したがってうわさの評価をする際には、情報源を特定してその信頼性を評価するだけでなく（前章のチェックポイント）、その情報がどういう人々を媒介して伝わってきたのかを特定し、そこでその人たちはどれくらい知的自律性が発揮できていそうかを見極める必要もある(本章のチェックポイント)。

ここまでは、うわさの目的が事実を伝えることにあると暗に前提していた。しかし、そもそもその前提は正しいのだろうか。これだけたくさんのデマがネット上で流されている現状は、うわさの目的が事実の伝達とは異なる何かであることを示しているのではないか。では、その「何か」とはいったい何だろうか。

理解と納得の共有

社会学者のタモツ・シブタニは、うわさを人々が即興でつくりだすニュースとして捉えている(Shibutani 1966)。彼によればうわさは、目の前で理解できない出来事や状況が生じていて、しかもそれを説明するマスメディアの報道や公式発表された情報がない状況で生じる。たとえば、戦後に生じた「マッカーサー日本人説」のようなうわさは、日本人にとって「侵略者」であるはずの彼が日本に対して好意的な政策をとったというギャップを埋め合わせるために生じたものである。これは「仮説推論(abduction)」と呼ばれる推論になっており、ある仮説を立てることによって目の前で生じている不可思議な現象を理解できるようにしている。そして、この仮説によって自分が理解できたことを他の人とも共有したいという動機がうわさを拡散させることになる。

しかし、ここで本当に理解の共有が目指されているのかは検討しておく必要がある。近年、認識論では「理解」についてのさまざまな分析とタイプ分けが行われているが、先ほどの例は「なぜ理解」と呼ばれるものである(Kvanvig 2003)。われわれはさまざまな事象に対して「なぜ……なのか」と問いたくなる知的好奇心をもっており、理解できない現象を理解できるようにしたいという欲求をもっている。しかし、このような理解が成り立つために、その内容が事実である必要はあるのだろうか。たとえば「マッカーサーが日本人である」ことは事実ではなかったので、このうわさを信じた人たちは偽であることを信じていたことになる。そうだとすると、その人たちは「なぜマッカーサーが日本人に親切にしていたのか」を(自分では理解しているつもりだったが本当は)理解していなかったことになる。つまり、間違った内容を「理解している」と言うことはできず、理解は「事実を含意する(factive)」ことになる。

もしもうわさが知的好奇心から生まれ、それが事実に合致するような理解を求めるものであるならば、うわさの伝達の際に「そのうわさの真偽を吟味すべし」という認識的な規範が働くだろう。しかしマッカーサーの例からもわかるように、実際は必ずしもそうならない。それは「なぜ」という問いに対して、自分が「わかった！」と思える答えを求めているだけで、そのうわさが事実かどうかにはあまり関心がないからであろう。ここでは、このような事実を含意しない主観的な「わかった！」を、先ほどの理解と区別して「納得」と呼ぶことにしたい。人々がこの意味での納得を求めている場合は、認識的な規範が必ずしも働かない。

たとえば、大きな地震が起こるたびに人工地震のうわさがネット上で広まることがある。それは「なぜこのような現象が頻繁に起こるのか」を理解したいという知的好奇心に多くの人が突き動かされるからであろう。しかしこの問いを抱く人のなかには、理解を求める人と納得を求める人がいる。前者は人工地震のうわさに対して真偽を問い判断するが、後者は自分が納得できればよいので、そもそも真偽にはあまり関心がない。おそらくこの違いが、納得を重視する人に対して、証拠による反論（反証）が困難である理由にもなっている。

感情の正当化と共有

オルポートは、われわれがうわさをやりとりする動機として、自分の抱いている感情を正当化することを挙げている。たとえば、第二次世界大戦末期にソ連が対日宣戦布告した理由を説明するものとして、アメリカの原子爆弾の秘密情報を受け取るための交換条件だったというううわさがアメリカ国内で流れた。そしてこのうわさを流した人たちの多くは、ソ連やアメリカ政府を嫌悪する人たちであった。そのうわさを流し、信じることは、「ソ連を嫌い、アメリカ政府を嫌う自分の感情は正しい。なぜならば彼らはこんなにも汚いことをしているのだから」と自分の感情を合理化し、正当化する役割を果たしている。

これを現代のネット上での書き込みにあてはめてみることはできる。自分が嫌っている芸能人や怒りを感じている政治家についての悪いうわさを流すとき、自分の嫌悪や怒りの感情が間違ったものではないと正当化しようとしていることもあるのではないか。

さらに、感情そのものを伝えることが動機となっている場合もある。感情にもさまざまなものがあるが、ネット上で非難が集中する現象、いわゆる「炎上」を引き起こす第一の感情は怒りであろう。一般的に、怒りは他人から不当な扱いを受けたという判断から生じるといわれている(Solomon 1976)。自分に対して悪口を言った相手に怒りの感情が生じるのは、その典型例である。しかしネット上での炎上は、自分が不当な扱いを受けた場合だけでなく、自分とは直接の利害関係がない個人や団体に対する不当な行いが怒りの対象になる場合も多い。たとえば、有名人の不倫や失言、一般人の迷惑行為や不謹慎な行為に対する怒りはその典型例であり、そこには一種の「公憤」と呼ばれるべき感情も含まれている。そして炎上に参加している人は、多くの人が怒りを感じていることを世の中に知らしめ、さらに多くの人と怒りの感情を共有するために、その情報を拡散していくことになる。

そして、うわさの伝達において「恐ろしい」「悲しい」「許しがたい」等々、伝え手が抱いた感情を付け加えることで、そのうわさはニュートラルな事実としてではなく、不快なものとして、怒るべきものとして伝えられていく。単に「ある事件が起こった」ことではなく、「許しがたい事件が起こった」ことが伝えられることになり、ここでの事実の共有は感情の共有と一体となる。そして感情の共有に重きが置かれれば置かれるほど、それと反比例して、その情報が事実かどうかを吟味するという認識的な規範は働きにくくなっていく。

カントは自律と対比される他律のうちに、他人に従うことだけでなく、自分の欲求や感情といった自然の傾向性に突き動かされることをも含めていた。もしもカントが現在のネット上のうわさの拡散を目にしていたならば、感情に突き動かされてうわさを拡散している人は、自分の自由意志でそれを行っているつもりであっても、自分をコントロールする意志の自律を失った不自由な状態に陥っていると言うかもしれない。

うわさ話を楽しむ

ここまで理性と感性の双方からうわさの動機を考えてきたが、うわさには、うわさをすること自体に意味があると言いたくなる場合もある。たとえば、まだそれほど仲のよくない人と、共通の知人のうわさ話で盛り上がり、距離が縮まる経験をしたことのある人は少なくないだろう。この場合、うわさをするという行為によって人間関係が形成され、良好になるのだが、それが目的であるならば、うわさの真偽は問われなくてよいのかもしれない。

　また、うわさをすること自体が楽しいという側面もある。たとえば、われわれは映画を観ることで教養を身につけることができるが、おそらく多くの人は、映画を観ること自体が純粋に楽しいから映画を観に行く。これと同様に、うわさ話によって何か情報を得られることが目的なのではなく、うわさ話をすること自体を純粋に楽しんでいる人もいるだろう。この場合うわさをすることは道具的価値ではなく、それ自体が価値をもつことになる。そしてこの場合も、うわさの真偽はそれほど重要なことではなくなりそうである。

　たとえば、『ムー』の愛読者は、ＵＦＯや超常現象などについてのうわさや都市伝説などの話を友人とすること自体が楽しいのであり、そのことが何かの役に立つとは思っていない人が大半であろう。そして、このようなケースではうわさを評価する際の基準は、どれだけ奇抜な話であるか、話のネタとしてみんなで楽しめるか、等々になっていて、いずれにせよ真偽とは異なる基準で評価されることになる。

　このように、すべての場面で真偽を吟味する認識的な規範を強いる必要はなく、それを楽しむ自由は許容すべきなのかもしれない。しかし、認識的には望ましくない偽なるうわさやでたらめなうわさに関しても、うわさの自由は常に許容されるのだろうか。

自由の制限

うわさを楽しむ自由を、表現の自由の一種として捉えることはできるだろう。表現の自由が制限されるケースとしてよく取り上げられるのが、わいせつ表現、ヘイトスピーチ、プライバシーの侵害、等々である。これらは多くの場合、性的秩序の維持、不当な差別の阻止、個人の権利の保護などの道徳的な理由に基づいて制限され、その内容の真偽には関わらない。たとえばプライバシーの侵害などは、むしろその表現内容が真であるがゆえに問題となる。それに対して、ここで考えてみたいのは、ある表現が事実ではない（偽である）ということを理由にその表現を制限する根拠があるのかどうかである。

もちろん、偽なるうわさをする人は真理を気にかけていないという意味で、序章でみた知的な真摯さという徳が欠けているということはできる。しかし、徳のない行為であればただちにそれを制限すべきとなるだろうか。たとえば、自分の健康に悪いとわかっていてタバコを吸うことは自制心という徳が欠如した行為である。しかし、だからといって、「その人がタバコを吸う自由を全面的に剝奪すべし」とはならないだろう。

ここで登場するのが、いわゆる「**他者危害の原則**」である。J・S・ミルは『自由論』のなかで、人間の自由を最大限尊重する立場を示したうえで、その自由も他者へ危害を及ぼすときに限って制限されうるという原則を唱えた(ミル 1971)。たとえば、タバコを吸う行為は本人の健康に悪いという点では望ましいものではないが、タバコを楽しむ自由は他者へ危害を及ぼさない限り尊重されるべきものとなる(いわゆる「愚行権」)。しかし、家族がタバコの副流煙を吸って健康を害する場合は他者に危害が及ぶことになるので、その自由は制限されることになる。この原則にならっていうならば、偽なるうわさを楽しむ自由は認められるが、他者に危害を及ぼす場合にのみ制限されることになる。

うわさを楽しむ条件

では、偽なるうわさが他者に及ぼす危害としてどのようなものがあるだろうか。まず思い浮かぶのは、誰かに精神的な苦痛を与えたり、ある人の社会的な評価を貶めたり、お店に経済的な損害を与えたり、等々であろう。しかしうわさの自由を制限するためには、これらの被害がどのくらい生じそうなのかを、事前に予測しておく必要がある。リアル社会でのうわさに関しては、その人の周囲でうわさを広めれば、相手にどのくらい精神的苦痛を与えたり、その評価を貶めたりすることになるのかがある程度予測できる。しかしネット上のうわさの場合は、被害の予測が難しい。

その理由のひとつは、ネット上のうわさの持続時間の長さである。口頭でのうわさは「人のうわさも七五日」と言われるように、ある程度の期間で消えてなくなるのに対して、ネットに書き込まれたうわさは「**デジタルタトゥー**」と呼ばれるようにいつまでも残り続け、たとえそのうわさがデマだと確定したあとでさえも、被害者を苦しめ続けることになる。このようにネット上のうわさは長期間にわたって被害を与え続ける可能性があり、その被害の総量は事前に予測されたものよりはるかに大きくなる可能性がある。

二つめの理由は、**拡散範囲の予測不可能性**である。ネット上のうわさは事前に思ってもみなかった人にまで到達するがゆえに、あらかじめその被害を見通すことが難しい。その最たる例が、災害時やパニック状況でのうわさである。うわさの広がりやすさについては、オルポートが主張した、「うわさの流布量(R)は重要さ(i)と曖昧さ(a)の積に比例する」という法則(R~i×a)が有名であるが、ロスノウらはさらにそこに影響する重要な要素として不確実性や不安があることを明らかにした(Rosnow 1991)。本章の冒頭で紹介した熊本地震でライオンが脱走したといううわさや、新型コロナウイルスが拡大した際にトイレットペーパーが品薄となったといううわさは、人々が不安を感じている状況で爆発的に広まった典型例であろう。このような状況下では、うわさが誰にどのような被害をどのくらい与えるのかをあらかじめ予測することが難しく、発信者が思っていた以上に甚大な被害をもたらす可能性がある。そして、このような被害の予測不可能性は、ネット上で偽なるうわさを楽しむ自由が、日常生活でのうわさ以上に制限されるべき理由となる。

以上のように考えてみると、超常現象や都市伝説のような信憑性の低いうわさがたとえ偽であったとしても問題とならないのは、それらを半ばフィクションとして楽しむ文脈が多くの人に共有されており、その文脈で受け取る限り、その情報を信じて具体的な行動にうつす人がほとんどいないからにほかならない。逆にいえばこのような条件に反して、ＵＦＯによる攻撃を予告したり、超能力やパワーストーンに病気を治す力があるとしたりするうわさになった場合は、誤った回避行動をとらせたり、金銭的な被害をもたらしたりする可能性が生じるので、うわさを楽しむ自由が制限されるべき理由が生じてくる。

しかし、他者に対する危害はこのようなわかりやすいものばかりではない。序章でみたように、フェイクなうわさが社会の分断を生み出したり、人々の政治的判断に悪影響を及ぼしたり、人々の真理への無関心を助長することもある。あるいは次章以降でみるように、気候変動否定論やホロコースト否定論、闇の政府についての陰謀論などについてのうわさが、われわれの社会で成立している信頼関係を目に見えないかたちで破壊していく場合もある。ネット空間でのうわさがもたらすこれらさまざまな被害の可能性について事前に知っておくことは、ネット上でうわさを楽しもうとする場合の最低条件となるだろう。

第3章

どの専門家を信じればよいのか

専門家不信

フェイクニュースを終息させる際に、専門家の果たす役割は大きい。たとえば、東日本大震災で福島第一原子力発電所の事故が起こった際、「放射線被曝を防ぐには、イソジンなどのうがい薬を飲むとよい」といううわさが主にインターネット上で広まった。このうわさはまったく荒唐無稽というわけではなく、ヨウ素を含むうがい薬が内部被曝を防ぐための安定ヨウ素剤の代わりになるという一見、説得力のある理由とセットになっており、信じた人も多かったようだ。このうわさの拡散を食い止めたのは医療の専門家の意見であり、とりわけ大きな役割を果たしたのは、放射線医学総合研究所が出したプレスリリースであった。そこでは、うがい薬を飲むことは体に有害な作用を及ぼす可能性があること、そしてたとえ飲んだとしても、効果を発揮するにはヨウ素含有量が少なすぎることが明言されていた。これらの見解を多くの人は信じ、うわさは終息していった。

あるいは、新型コロナウイルスが蔓延しはじめた初期に「ウイルスは熱に弱いので、お湯を飲めば予防できる」といううわさが広がったが、こちらも医療の専門家が次々に否定することでそのうわさは終息していった。

これらの事例から、われわれは、他人の言っていることでも、専門家の発言とそうでない発言とを区別しており、専門家の発言をより信頼していることがわかる。

しかし、専門家の発言は信頼できないと言いたくなる事例もある。たとえば、同じく福島第一原発の事故において原子力の専門家は不確実な状況下で懸命に自らの専門性を活かした知見を伝えてくれたが、事故の進展につれて彼らの見通しが外れることも多くなり、専門家の言うことは信じられないと思う人も増えていった。また、それまで原発の安全神話や低コスト神話を唱えていた専門家の言動に対しても、少なからず懐疑的な眼差しが向けられ、彼らは国や電力会社におもねる「御用学者」と呼ばれて批判されることもあった。

このような事例をみると、専門家の言うことだからといってにわかには信じられないのではないかと言いたくなる。そしてこうした専門家不信の極地に登場するのが、地球が平らであると唱える地球平面説や地球の温暖化を否定する気候変動否定論などである。これらの説の信奉者は、それぞれの分野において多くの専門家が言ってきたことや、あるいは既存の科学的な言説そのものを否定する。

では、あなたはこれらの説を信じる人々をどう思うだろうか。もしも彼ら彼女らに「あなたのほうこそ、「専門家」と呼ばれる人たちを無条件に信じているにすぎないのではないか。その人たちが言っていることを正しいといえる根拠をもっているのか」と問われたとしたら、あなたはこの問いに答えることができるだろうか。

専門知についての三つの困難

J・ハードウィグはこの問いに対して、専門家(expert)に対する非専門家の信頼は必然的に無根拠なものにならざるをえないと考える(Hardwig 1991)。

まず専門的でない知識であれば、ある主張の根拠を私が知ることで、私はその人と同じ知識をもつことができる。たとえば、ある運転手が起こした事故について「事故の原因は居眠り運転だ」と言っている人がいたとしよう。その主張の根拠としては、運転手が連日夜遅くまで働いていたことや、事故現場にブレーキの跡がなかったことが挙げられている。この場合、私はその根拠を理解することができるし、この二つの根拠からなぜその主張が導かれるのかも理解できる。つまり、私はその人と同じ根拠に基づいて同じ知識を共有することができる。

しかし、専門家の主張に対しては同じことができない。専門家が挙げる根拠を聞いたとしても、それを聞いたのが非専門家の私であった場合には、私は専門家と同じ仕方でその根拠を理解することができないからである。この専門的な知識に固有の困難については、A・ゴールドマンが論文「専門家——あなたはどちらを信じるべきか」のなかで三つの観点から分析している(Goldman 2001)。

第一の困難は、専門家が**結論を導く際に依拠している前提を非専門家が共有できていない**ことである。たとえば地球温暖化の原因について議論するためには、一般的に気温に影響を与える要素を理解し、それらを調査・分析するための理論等々、多くの前提を共有する必要がある。しかし、この前提となる理論的知識をわれわれ非専門家はほとんどもっていない。

第二の困難は、専門家の論証を聞いても**前提と結論とのあいだの支持関係を非専門家が評価できない**ことである。たとえば、あるデータが地球温暖化の仮説を支持するかどうかを理解するためには、その仮説にとって何が証拠となるか、あるいは証拠とならないのかを理解している必要がある。しかし多くの場合、われわれはこの点を理解できていない。

第三の困難は、その論証に対する**反証（証拠による反論）に非専門家は馴染みがない**ことである。たとえば、あるデータをもとに結論を出された場合、その論証に対してどのように反証できるのか、さらにその反証に対するさらなる反証は想定可能なのか等々、その分野の専門家であればよく知っているであろう。しかし、われわれはそのような論証のパターンを知らない。

以上のことから、専門家があるデータを根拠に地球温暖化について主張しているのを私が聞いたとしても、私はそのデータが何を意味しているのか、なぜそのデータからその主張が導き出されるのかを理解することができない。このような困難を「専門知についての困難」と呼ぶならば、ハードウィグの主張の要点は、われわれ非専門家が専門知についての困難を克服できない以上、われわれは専門家の主張を信じるための根拠をもてないということにある。

しかしそうだとすると、二人の専門家の主張が対立する場合に、どちらの言っていることを信じればよいのだろうか。というのも、もしも専門家の主張を信じるための根拠をもてないのであれば、その主張の優劣を判断する根拠をもてるはずがないからである。

さて、困った。われわれは一所懸命勉強して専門的な知識を身につけて、専門家が挙げる根拠を自分でも理解できるようになるしかないのだろうか。いや、その必要はないとゴールドマンは考える。彼は先ほどの論文のなかでハードウィグの主張に反対して、われわれ非専門家が非専門家のままでいながら、専門家の主張を信じるための根拠をもちうると主張している。

論証の仕方

一つめの根拠は、その専門家が自説を支持したり、反対する者の説を批判したりする際に用いる論証である。ゴールドマンは論証に基づく正当化を、**直接的な正当化**と**間接的な正当化**に区別する。直接的な正当化をもつのは、ある前提からある結論を自分自身で導くことができる場合である。たとえば、二人がともに専門家である場合は、一方が持ちだした根拠をもう一人が理解して、そこから自分で同じ帰結を導く推論ができるので、直接的な正当化を共有することができる。

それに対して、先ほどみたように非専門家が専門家の話を聞く場合にはそのような推論を共有できない。この点で「非専門家が専門家と同じ根拠に基づいてその主張を信じることはできない」とするハードウィグの見解は正しいとゴールドマンは認める。しかし、非専門家は直接的な正当化はもてなくても、間接的な正当化をもつことができる。

そのひとつとして、専門家同士が議論をしている際の**論証の仕方**が挙げられる。ゴールドマンによれば、たとえ非専門家であったとしても、異なる主張をする両者の議論を聞いて、一方が他方より専門知において優位であることを示すさまざまな指標を入手することができる。たとえば、ある分野の専門家である天馬博士とお茶の水博士が議論している。天馬博士は自説を支持するデータを証拠として挙げているのに対して、対立するお茶の水博士はそのような証拠をまったく挙げていない。この場合、天馬博士のほうがより信じられそうだと判断できる。あるいは、お互いが自説の証拠を挙げて論証している際に、お茶の水博士が自説の根拠として挙げる証拠のすべてに対して天馬博士がそれを退ける反対の証拠を挙げている。しかし、お茶の水博士は天馬博士の証拠を退けるような証拠は挙げていない。この場合、たとえそれぞれの証拠の妥当性を私が判断できなかったとしても、天馬博士のほうがお茶の水博士よりも自説を支持する確かな証拠をもっていそうだと判断できる。

論証をこのように形式的に評価しても、それは単なるプレゼン・スキルやパフォーマンス能力の有無を示しているだけであって、言っていることの正しさとは無関係だと言いたくなるかもしれない。たとえば、海外の政治家の討論会などではしばしば声の大きさや抑揚のつけ方、表情や身振りなどが評価の対象となるが、確かにこれらは主張されたことの正しさと直接的な関係をもっているわけではない。あるいは、相手が提示した論点をずらしたり、相手からの質問に答えずに逆に質問を投げ返したりすることで、相手を「論破」したようにみせかける詭弁のテクニックなどは、主張の正しさとは無関係であるばかりか、むしろ主張の正しさで対抗できないことの表れとみなすことさえできる。

しかしそのようなパフォーマンスや詭弁のテクニックとは異なり、相手の主張を反証できることや、自説が反証された際にそれを退ける根拠を挙げられることは、その主張をより確からしくするものである。もちろん、それはあくまで「その根拠や反証が正しい場合には」という条件付きではあるが、根拠や反証の正しさを判断できない状況では、論証に必要な形式的条件を満たしていないほうよりも、満たしているほうを信じることには一定の根拠があることになる。

この根拠は、ある主張が正しいと信じるための根拠R（直接的な正当化）を与えるものではないが、「ある専門家が別の専門家よりも十分な根拠Rをもっている」と信じるための根拠R*（間接的な正当化）を与えるものとなっている。つまり、このような間接的なかたちではあるが、非専門家でもその専門家の主張を信じるための根拠をもつことができる。

過去の証言の記録

二つめの根拠は、その専門家が行った**過去の証言の記録**である。ゴールドマンはある領域における専門家を、単にその領域について多くの知識をもっている人と捉えるのではなく、その知識を適切な仕方で活用する技術や方法論をも有している人として捉える。つまり、単に既存の専門的知識を蓄えているだけでなく、それらの知識を活用して新たな問題について適切な見解を導き出すことができる人が本当の意味での専門家だと考えるのである。この観点から、その専門家が過去にどのくらい正しい答えを導き出していたのかを調べてみることで、専門家の信頼性を評価することができる。この根拠は、第１章でみた「一致条件」の専門家版といえるだろう。

しかし、ここで先ほどの専門知についての困難が立ちはだかる。確かに日常的な事柄についての証言であれば、専門家の証言が事実に反することがわかる場合もあるだろう。しかしその証言が専門的知識に関わるものであればあるほど、われわれ非専門家にはその過去の証言が正しかったのかどうかが判断できなくなっていく。

ゴールドマンはこの問題に対して、非専門家であっても真偽の判断が可能な専門家の証言は存在すると考える。たとえば、天文学の専門家が「二〇三〇年四月二日に北海道で日蝕が起こる」という予測をしていたとする。この予測の妥当性を評価するには、予測の根拠や前提となる理論等を理解する必要があり、専門家以外にとってそれは困難である。しかし、二〇三〇年のその時がやってくれれば、その予測が正しかったかどうかは非専門家でも判断できる。

もちろん、このようにある時点で真偽がはっきりと確定するような予測がなされることは少ないだろう。そこでもう少し身近な事例で、ある機械の調子(X)が悪いときに、「ある処置(Y)をすれば、しかじかの状況(Z)になるだろう」という発言を考えてみる。ここでXに入るものは、物価に関するものであっても、感染症の感染者数に関することであっても何でも構わない。いずれにしろ、専門知をもたない非専門家でも、その処置(Y)の前後の状況(XとZ)を比べてみれば、発言の正しさをある程度判定することは可能である。ただし、予測の前提条件を共有しない非専門家は「何をもって予測の失敗とみなすのか」が十分に理解できていない可能性は残る。

利害関心とバイアス

専門家の主張を評価するための三つめの根拠は、専門家と問題となっている事柄とのあいだの利害関係やバイアスの有無である。たとえば、ともに専門家として認められている天馬博士とお茶の水博士の主張が食い違っているときに、天馬博士には利害関係に基づくバイアスがかかっている証拠があるのに対して、お茶の水博士にはなかった。この状況で、他にまったく違いがなかったとするならば、天馬博士よりもお茶の水博士を信じる理由が存在することになる。

がんの新薬による治療効果を調査した論文に関して、製薬会社がスポンサーになっている場合と非営利法人（NPO）がスポンサーになっている場合を比較したところ、否定的な結論を出した割合は前者のほうが大幅に少なかったという調査もある（Friedberg et al. 1999）。第1章でフェイクニュースを広める動機を分析した箇所では、その情報を広めることが発信者にとってどのような利益があるのかを考慮する必要があることを指摘した。専門家の主張に関しても同様に、その専門家のスポンサーや立場（たとえば、特定の会社の顧問をしている等々）を調べることで、その専門家の利害関心やバイアスを考慮に入れたうえで、その主張を比較することができる。いわゆる「御用学者」といった言い方のうちには、時の政府や特定の産業や企業などのこのような利害関係のもとで忖度がなされているのではないかという疑念が含まれている。

そしてフェイクニュースの場合と同様に、利害関心は必ずしも経済的な利益や研究上の利益に関わるものとは限らない。専門家であっても社会生活を営む一人の人間である以上、その人の専門領域以外の利害関心がその研究内容に影響することは十分考えられる。たとえば、その人がある特定の政治思想をもっていて、その方向に社会を推し進めるような研究成果を発信したいという動機をもっていることもある。有名なところでいえば、スターリン政権下のソ連において生物学者のルイセンコが唱えた「環境要因によって生物の本性は変化し、獲得形質が遺伝していく」という学説は、マルクス＝レーニン主義的な唯物弁証法というイデオロギーを背景としたものであった。そして彼は、メンデルの遺伝学をブルジョワ的理論として否定した。ここまで極端ではなかったとしても、その研究者の過去の著作や言動を調べてみることで、研究内容とは異なる動機やバイアスが働いていないかどうかを吟味することが必要な場合もあるだろう。

この第三の根拠は、第1章でみた「誠実性条件」の専門家版とみなすこともできる。しかし、利害関係に基づく動機を過度に見積もりすぎることは、発言内容の真偽を無視してすべてを自己利益のためのポジショントークとみなす方便にもなりうる。それゆえ第三の根拠は、ある専門家の証言をそのまま受け入れず、利害関係の分だけ割り引いて受け取るためのネガティブな規定として位置づけておくのが妥当かもしれない。

同意する専門家の多さ

四つめの根拠は、もっとも重要なものである。それは、ある専門家の意見と同意見の専門家の存在である。たとえば、専門家同士の意見が対立しているときに、一方の意見には他の専門家が誰も同意していないが、他方の意見には数多くの専門家が同意している場合、われわれはそのことを根拠に後者の意見を信じてもよさそうに思われる。しかし、本当にそういえるのだろうか。それは、単に、多数決的な考え方なのではないだろうか。

この問題をもう少し身近な例から考えてみよう。たとえば、「野良猫のキビタは知らない人を見ると威嚇する」という仮説を武さんが信じているとする。武さんはその説をのび太さんに伝えたが、のび太さんはそれを信じてよいかどうかわからない。そこに、スネ夫さんがやってきて同じ説を主張したとする。ここでのび太さんは、この説がより確からしいと信じるための新たな根拠を手に入れたといえるのだろうか。

ゴールドマンはこの問いに、そういえる場合といえない場合があると考える。彼はそれを条件付き確率についてのベイズ的アプローチを用いて説明しているが、その説明は込み入っているので、ここでは要点だけを紹介しておきたい。比較したいのは、ある仮説を武さん一人が信じているときにその説が真である確率と、武さんとスネ夫さんの二人が信じているときにその説が真である確率である。ここでもしも二人の場合のほうが一人の場合よりもその説が真である確率が高いのであれば、のび太さんはスネ夫さんの証言を聞いて、その説を信じるための新たな根拠を入手したといえる。しかし、信じている人が増えて二人になってもその説が真である確率が変わらないのであれば、のび太さんは新たな根拠を手に入れたことにはならない。

では、どうすればその確率の比較ができるのか。ここで、武さんがある仮説を信じていて、その仮説が真である場合（ケース1）と、同じく武さんがその仮説を信じているが、それが偽である場合（ケース2）を想定し、それぞれのケースでスネ夫さんがその説を信じる確率がどのくらいなのかを考えてみる。たとえば、ケース1のときには八〇パーセント、ケース2のときには四〇パーセントなのであれば、スネ夫さんはその説が真であるときのほうが偽であるときよりもその説を信じやすいといえるので、のび太さんが入手したスネ夫さんの証言は、その仮説がより確からしいと信じるための根拠となる。

逆にいえば、ケース1でもケース2でもスネ夫さんがその説を信じる確率が同じだとすれば、スネ夫さんの証言はのび太さんに新たな根拠をもたらさない。ゴールドマンはこのような状況が起こる例として、武さんがある集団のリーダー的存在（「グル（guru）」）であり、スネ夫さんはそのリーダーの言うことに無批判に従うフォロワーである場合を挙げる。この場合、その説の真偽にかかわらず、スネ夫さんは武さんの言っていることを信じてしまうことになるので、スネ夫さんの信念は仮説の真偽に反応せずに、武さんの信念のほうに完全に同期してしまう。同様に、ある集団のメンバーが武さんを熱狂的に信じていてそのメンバーがすべてスネ夫さんと同じようなフォロワーであるような場合は、武さんと同じ説を信じている人がどれほどたくさんいたとしても、同じ説を信じている人の数の多さはその説の確からしさを増すことにはならない。

前章で、うわさを信じている人の数やネット上での再投稿の数は必ずしもそのうわさの信頼性を増すことにはならない点を指摘した。ネット上のうわさに関しても特定のインフルエンサーの言っていることを無批判に信じるフォロワーが多数ついているような可能性はあるし、そのような状況では同じ主張をしている人の数の多さは、その主張を信じるための新たな証拠にはならない。同様に、ある専門家の主張に同意する専門家の数の多さは、それだけではまだその主張を信じる根拠として十分ではないことになる。

信念形成ルートの独立性

では、スネ夫さんの証言がのび太さんにとって新たな根拠となるための条件とは何だろうか。ゴールドマンは、スネ夫さんの信念が武さんの信念とは異なる原因と結果の連鎖から形成されていること、すなわち**異なる因果ルート**を通じて形成されていることだと考える。

先ほどの例でいえば、武さんとスネ夫さんが別々の場所から観察している場合がこれにあたる。この場合、武さんがいる地点からはキビタが知らない人に向かってうなっているように見えたとしても、スネ夫さんが見ている地点からは実はその草むらに別の猫がいて、キビタがそちらを向いてうなっているのが見える。このとき、武さんの信念とスネ夫さんの信念はそれぞ

れ異なる因果ルートを通った異なる情報がお互いの目に入って形成されていることになる。そしてこの状況であれば、武さんが「キビタが知らない人になつっている」と間違って信じてしまっていたとしても、スネ夫さんはその間違いに気づいて訂正できる。逆にいえば、スネ夫さんの信念が武さんとは異なる因果ルートをたどって形成され、それでも武さんと同じ説を信じるに至っているのであれば、その説の信頼性は増すことになる（以上の説明は、前章でみた異なる情報源が必要であることを、異なる因果ルートによって説明したものとみなすこともできる）。

これをもう少し専門家の問題に引き付けるならば、いわゆる「追試」がそれにあたるだろう。たとえば、天馬博士がある仮説を実証するために行った実験（実験α）とは別の実験（実験β）をお茶の水博士が行って同じ結果を得た場合、お茶の水博士は独立の因果ルートをたどって天馬博士と同じ信念に到達している。そして、お茶の水博士は自分のルートに基づく判断を通じて、大馬博士の間違いを訂正することも可能である。それゆえ、この状態の二人が同じ仮説を信じていることは、その仮説をより確かなものにする。このような追試のうちには、自然科学の実験だけでなく、経済学や社会学などの社会科学における統計的な実証も含まれる。さらに、数学の証明や哲学理論の思考実験なども含まれるかもしれない。

　ここまでみてきたことをまとめると、他の専門家の同意の多さがその説を信じるための間接的な根拠となるのは、専門家同士がその説の正しさを独立のルートに基づいて判断した場合であり、それは専門家が互いに批判的な吟味をし合う知的自律性を発揮している場合だともいえる。逆にいえば、**専門家がそのような知的自律性を発揮していない場合は、同意の多さは根拠とならない**。

　ゴールドマンはその例として、生物の起源を「聖書」の天地創造に求める創造科学を挙げている。創造科学は一見すると科学的な説明体系を備えているようにみえ、二〇世紀後半のアメリカで「創造科学と進化論を学校の授業で平等に取り扱うべきか」をめぐる裁判に発展するなど、今も一定の影響力をもっている。実際に創造科学をどれほど多くの専門家が信じているのかはわからないが、ここでもしも創造科学を信じる専門家の数が進化論を信じる専門家の数よりも多かったとしたら、そのことを理由にわれわれは創造科学のほうを信じるべきとなるのだろうか。いや、そうはならない。それは、進化論者はこれまでそれぞれの調査に基づく独立した因果ルートによる研究成果を通じて同じ意見に到達してきたのに対して、創造科学論者の場合は多くの根拠が「聖書」の記述であり、それぞれの研究者が独立した因果ルートを通じて同じ意見に到達しているようにはみえないからである。

メタ専門家による同意

さて、あなたはここまでのゴールドマンの議論にどのくらいの説得力を感じただろうか。確かにこのような知的自律性を発揮することは専門家集団の理想的なあり方かもしれない。しかし、同意する専門家すべてに独立した因果ルートを要求するのは、いささかハードルが高すぎるようにも思われる。たとえば、ある実験や調査を通じて発表された説を他の多くの専門家が受け入れたとしても、もしその専門家たちがその説を別の仕方で確かめていないのであれば、同意する専門家の数の多さはその説を信じるための根拠にはならないことになってしまう。

この点に関してコーディは、ゴールドマンより緩やかな基準を提案している(Coady, D. 2012)。それは、ある人の専門能力や資質について評価する能力があることである。もしもお茶の水博士が天馬博士と同領域の専門家なのであれば、彼は天馬博士がどの程度の専門知や専門能力を有しているかをある程度知っている確率が高い。あるいは仮に知らなかったとしても、必要であれば天馬博士の知識や能力を評価し、判断することができるはずである。まさに「餅は餅屋」ならぬ「餅屋のことは餅屋」である。専門家はこの意味で、他の専門家の専門能力を評価する「メタ専門家(meta-expert)」でもある。そしてお茶の水博士がこの評価能力に従って大馬博士が主張する説に同意しているのであれば、たとえその同意が独立した因果ルートに基づく再検証を経ていなかったとしても、その同意は天馬博士の主張をわれわれ非専門家が信じるための根拠となりうる。

ここまでのことから、専門家同士が独立したルートで信念形成をしている(ゴールドマン)か、メタ専門家としての評価能力に従って評価している(コーディ)といえるのであれば、同意する専門家の数の多さはその主張を信じることの間接的な正当化を与えることになる。もしもどちらの専門家の主張を信じたらよいか迷った場合には、それぞれの主張に他の専門家がどのくらい同意しているかをぜひチェックしてみていただきたい。

他の専門家による査定

しかし他の専門家による同意の状況を確認するためには、そもそも**誰が専門家なのか**がわかっている必要がある。では、それはどうやって知ることができるのだろうか。テレビにもネット上にもさまざまな「専門家」と呼ばれる人が溢れているが、専門家を自称しているからといってその人を専門家とみなしてよいのだろうか。

ゴールドマンが挙げる五つめの根拠は、この問いを考えるのに役立つかもしれない。それは、専門家による査定である。先にみたように、専門家は他者の専門知や専門能力を評価する能力をもつメタ専門家でもあり、その能力に基づいてさまざまな査定を行っている。ゴールドマン自身は査定の内容について詳しく論じていないのだが、どのようなものがあるか具体的に考えてみよう。

まず一番馴染みがあるのは、資格認定や大学の学位などであろう。たとえば、われわれが専門家としてまず思い浮かべる医者や弁護士を名乗るには、医師免許や弁護士免許が必要とされる。これらの免許はそれぞれ一定の受験資格をクリアしたうえで、国家試験に合格してはじめて与えられるものであり、この受験資格の設定や試験問題の作成は、その分野のなかで選ばれた専門家が行っている。

専門家による査定のもうひとつの例として、学位が挙げられる。これはそれぞれ一定の単位取得や論文などを要件として主に大学が与える称号であり、求められる専門能力の段階と専攻分野に応じて、学士(文学)、修士(経済学)、博士(工学)などの学位が授与される(天馬博士とお茶の水博士の「博士」も、おそらくこの学位を表している)。これらの学位も、その人の学術的な研究成果や研究能力がそれぞれの学位が要求する水準に達しているかどうかをその分野のメタ専門家が判断し、認定する。

このように、ある種の資格や学位をもっていることはその分野のメタ専門家の査定をクリアできたことを意味し、先ほどのコーディの議論を踏まえると、その資格や学位は、ある人がその分野に関して言っていることを信じるための間接的な根拠となる。

ここで、いわゆる「権威に訴える論証」が本当に間違っているのか問い直してみたい。権威に訴えて主張の正しさを根拠づける論証は、一般的に誤謬推論の一種だとみなされる。その理由は、権威と主張の正しさが無関係だと考えられているからであろう。たとえば、社会的な地位のある人や著名人であることが「権威」なのだとすれば、確かに権威ある人々が言っているからといって、その主張が正しいと考えるのは間違っている。しかし、ここでの「権威」がゴールドマンのいう「専門家」のように「正しい専門知をもち、それを新たな事例に適用できる能力や技術をもつ人」を意味するのであれば、主張の正しさと権威は結びつくことになる。それゆえ、専門能力の証しのひとつである資格や学位という権威に訴えて、その分野のその人の発言を信じることには根拠があることになる。

しかし、このような根拠を与えない資格や称号もある。それは、メタ専門家の査定によって与えられているとは限らない資格や称号である。その典型例は、（自分でいうのも何だが）「○

○大学教授」であろう。もちろんその人を採用するかどうかを決める際に大学内部のメタ専門家による査定が行われている場合も多いが、必ずしもそれは必要条件にはなっていない。しかもこの肩書だけからは、何の専門家であるのかもわからない。たとえば、私のように文学の学位しかもっていない大学教員が医学や経済学について発言をしていた場合、大学の先生という肩書だけで専門家の発言として信じることは控えるべきだろう。同様に、テレビやYouTubeで発言している人が大学の先生や○○研究所の研究員だからといって、それだけで信頼性が高いと思ってはいけない。重要なのは、その資格や称号がどの分野の専門性をどのレベルまで保証しているかであり、その認定がメタ専門家によってなされているかどうかである。

査読制度

しかし学位や資格だけでは、詳細な専門分野まではわからない。たとえば私の学位の名称である「文学」は哲学、宗教学、社会学、歴史学、言語学まで含んでしまうし、歴史学が専門といっても東洋史なのか西洋史なのか、どの時代を研究しているのかによっても専門分野は大きく異なる。あるいは、医学の学位や医師免許をもっていたとしても、それだけでウイルス研究にどの程度詳しいのかはわからない。では、その人が特定の分野の専門家かどうかを知りたい場合はどうすればよいのだろうか。

ひとつの方法は、その人がどのような分野で研究業績を挙げてきたのかを調べてみることである。しかし一口に「研究業績」といっても、検索すれば書籍やら雑誌のエッセイやら論文やらいろいろなものが目に飛びこんでくる。では、これらはすべてその人の専門性の証明となるのだろうか。そうでないとすれば、他にどのような判断基準がありうるのだろうか。

ここで活用できそうなのは、メタ専門家による査定システムとしての「**査読**」である。査読が最初に行われたのは一七世紀のロンドン王立協会だと言われているが、それが制度として確立したのはおおよそ一九世紀ごろとみなされている（野家 2015）。この時期はいわゆる「科学の

制度化」が進んだ時期でもあり、ガリレイやニュートンの時代はまだ〈自然哲学〉という大きな括りのなかで行われていた自然の理《ことわり》についての探究が、独立した〈科学〉としての地位を確立していく過程で、科学者が生み出す知識についての品質保証が必要とされた。そのために生み出されたのが、学術論文の査読制度である。それはある分野の専門家の論文を、その分野の別の専門家がレフェリーとなって雑誌への掲載の可否をジャッジするという「同僚評価（peer review）」の原則に基づくシステムである。このような相互チェックの仕組みを通じて、間違った情報やおかしな論

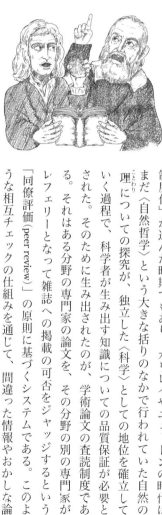

文がふるい落とされ、科学者の共同体が生み出す知識に一定のクオリティを保証することが目指されたのである。

現在ではほぼすべての専門分野で、それぞれの査読システムを通じた論文や本の査読を行っている。したがってその分野での査読付きの研究業績をもっていることは、その分野のメタ専門家の査定をクリアできたことの証しになる。

もちろん、このような査読制度が信用できるのか疑問に思う人がいるかもしれない。実際、査読をクリアした論文であってものちに間違いだったことが発覚したという事例も数多く存在するし、『ネイチャー』に掲載されたSTAP細胞に関する論文などは有名なところだろう。しかしこの事例でもそうだったが、掲載後に誤りや不正行為などが発覚した論文は結果的に撤回されることになっているのであり、このような撤回が行われることは掲載論文の信頼性を保証する努力が継続的に行われていることの証しでもある。また過去にはソーカル事件、近年では不満研究事件などで、投稿者がでたらめに書いたと自認している論文が査読を通ってしまうという事態が発生し、査読が本当に論文の信頼性を保証する機能を果たしているかが問題となったケースも確かにある。しかし、これらの事例をもってすべての査読の信頼性に疑問を呈するのは過度な一般化といえるだろう。

認識の基礎としての制度

ここまで査定の具体例としてみてきた資格・学位の認定や査読制度は、第1章でみた「能力条件」の専門家版である。違いがあるとすれば、専門能力の評価は個人ではなく、複数の専門家によって評価される仕組みとなっており、その評価の仕組みがわれわれの社会のなかで制度として確立していることである。われわれがこれらの査定結果を根拠にしてある人の証言を信じるとすれば、それは単にその証言者を信頼しているだけでなく、その背景に存在し証言者の能力にお墨付きを与えている専門家集団やその査定制度をも信頼していることになる。さらにその根底には、専門知の査定制度がこれまで有効に機能してきたというわれわれの知的営為の歴史に対する信頼がある。

このような査定制度は、他人の証言と同様にわれわれの認識の基礎として機能している。しかしそれは、デカルトやカントが考えたような個人の心のなかに見出される私的な認識の基礎ではない。われわれの社会のなかに位置づけられた**公共的な認識の基礎**なのである。一九八〇年代に確立した「社会認識論（social epistemology）」は、認識論の問題関心を、個人の心のなかで確立する知識から社会のなかで確立する知識へとシフトさせた。その理由のひとつは、知識を生成する営みの代表格である自然科学の研究が、かつてのように個人が行うものではなく、多くの研究者たちの共同研究によって行われるようになったことにある。社会認識論の出発点のひとつとなったのは、科学者集団のなかで相互のやりとりを通じて新たな知識が形成されていくプロセスを明らかにした知識社会学の研究であった(Latour & Woolgar 1986)。しかし、このように生み出された知識は、科学者集団のなかだけではなく、学校のなかで教えられたり、マスメディアを通じて伝えられたりすることで、広く社会一般の人々に共有されていくことになる。そこで問題となるのが、われわれ一般人が科学者の知っていることを同じように「知っている」といえるのかどうかである(Goldman 1987)。社会認識論が知覚や記憶といった個人の内面における根拠づけではなく、第1章からみてきたような他人との関係のなかでの根拠づけを分析の対象とするのは、知識の分業体制が確立された現代社会において、知識がもつ社会的側面の重要性がますます高まってきているからにほかならない。

困難をどう克服するか

本章ではゴールドマンが挙げた五つの根拠をもとに、専門知についての困難に直面した際われわれに何ができるのかを考えてきた。

専門家の証言のチェックポイント

- 論証の仕方

●過去の証言の記録
●利害関心とバイアス
●他の専門家による同意
●査定に基づく資格や業績

もちろん、論証の形式が正しくても中身はまったく間違っていることはあるし、認定資格や査読論文をもっている専門家であってもいい加減な発言をしていることは多々ある。また、天動説から地動説へと転換したように、専門家の多数派が支持するいわゆる「通説」と言われるものが時代によって変化することもある。これらの数々の実例をもとに考えると、ここで挙げられた根拠はその専門家の主張を信じるための根拠にならないのではないかと言いたくなるかもしれない。

しかし思い出してもらいたいのだが、この反論が有効なのは、間違いの可能性が存在する限りそれを信じてはいけないと考える不可謬主義に立つ場合だけである。可謬主義をとるわれわれにとって必要なのは絶対的に不可謬な根拠ではなく、どちらの主張が相対的により信じられるかを判断するための可謬的な根拠である。

具体的に考えてみよう。ある歴史的な事実について主張が対立しているＡ氏とＢ氏の一人がいる。A氏は自説の根拠として査読を通過した学術論文を挙げているのに対して、B氏は自説の根拠となる論文を挙げていない。A氏は一次資料を読み解く基礎訓練を受けており、その能力をもとに研究を行ってきたことがメタ専門家の査定で証明されているのに対して、B氏はそのような形跡がまったくみられない。そして、A氏の説に対してはその分野の専門家の多くが同意しているのに対して、B氏の説に対しては他の専門家の賛同がほとんどみられない。さらに、B氏は歴史についてのこれまでの発言においても基本的な間違いがたびたび指摘されてきた……。

別の例で考えてみよう。タバコの副流煙に害があるかどうかで対立しているC氏とD氏がいる。どちらも大学の医学部の教授であり、一見すると専門性に違いがないようにみえる。しかしよく調べてみるとD氏は健康被害のリスクについて疫学的な研究を行った業績はないのに対して、C氏はその分野の研究を専門に行ってきた。そしてC氏の主張はその分野の多くの専門家が同意しているのに対して、D氏の主張はそうではない。さらにC氏は「副流煙に害がない」というD氏の主張の根拠を提示するように求めているが、D氏はそれに応えようとしない……。

先ほど挙げた根拠をあてはめれば、どちらの主張がより信じられるのかは明らかであろう。しかし、これらの根拠の違いは、表面上のやりとりをみているだけではわからないことも多い。

それは、どちらもその問題について多くの著作があり、テレビや雑誌などのさまざまなメディアでも発言をして、ＳＮＳではどちらの主張に対しても同じように多くの賛同者のコメントが寄せられているからである。そして確かにこれらの状況だけをみていると、どちらを信じるべきかの決め手はなく、信じられそうにみえる人や自分が信じたいと思える人の言っていることを信じてしまうことは、ある意味自然なことではある。それゆえ、表面上のやりとりだけではみえてこない間接的な根拠を自分自身で探そうとする努力が必要となる。

ここでさらに、専門家にはそのような狭い専門知だけではなく、専門領域を横断した幅広い教養をもった知性こそが必要だと考える人もいるかもしれない。たとえば「タバコを全面禁止すべきかどうか」のような「べき」論を含んだ政策的な問題や、人類が置かれている現状についての大局的な観点からの分析などに関して、総合的な知性や知恵が求められることはそのとおりだろう。しかし本章で扱っているのは、あくまでも真偽が問えるような専門的な知識の問題である。この問題に関して「真理を多く、誤りを少なく」したいと思うのであれば、いくら優れた知性をもった人の発言であったとしても、それが専門外の領域についての主張であれば、簡単に信じてはいけないことになる。

知的な謙虚さ

ここで改めて、**知的に自律しているとはどういうことなのか**を考えなおす必要がありそうだ。デカルトのようにあらゆる学問領域について「専門家」と呼べるレベルで精通していた万学の天才ならいざしらず、われわれのような凡人はとてもそのような広範な知識を修めることはできないし、そのための時間的な余裕もない。しかしその代わりに、われわれの社会には知的な分業システムが確立している。医療についても、建築についても、金融についても、法律についても、気象についても、素粒子についても、語学教育についても、それぞれの領域の知識を極めた専門家が存在しており、彼らはメタ専門家の査定をクリアして専門家として社会のなかで認められている。

したがって、自分のよく知らないこれらの領域の知識に関して専門家に依存することは、正しい認識に至るための正しい方法となる。ここでの「依存」は、単に情報を与えてもらう情報的依存だけではなく、その情報が正しいかどうかの判断を依存する認識的依存も含まれる。自分の家の耐震性にせよ、相続に必要な法的手続きにせよ、ワクチン接種の安全性にせよ、何が正しいのかを自分で判断するのではなく、建築士や弁護士や医療の専門家の判断に委ねたほうが、結果として正しい判断ができる可能性が高い。もちろん、最初から自分で考えることをすべて放棄する必要はないし、自分の理解できる範囲で調べたり、考えたりするのは大切なことではある。しかしその結果として、ネットで少し調べて出てきた医学的な情報を信じて、医者の言う禁止事項を破ったり、処方された薬を飲まなかったりしたとすれば、その振舞いは「自分が専門家よりも薬についてよく知っている」と考える知的な傲慢さを表していることになる。

ここで必要となるのは、自分の知的な限界を正しく自覚することである。それができる人は、知的な謙虚さ(intellectual humility)の徳をもっているといわれる。とはいえ、知的な謙虚さをもつのは口で言うほど簡単なことではない。たとえば、「謙虚な人」というと、いつも自分のことを卑下して「自分なんて何のとりえもない」と言っている人を思い浮かべるかもしれない。しかし、そのような人は真理を目指すために必要となる知的な徳がある人とはいいがたい。というのも、自分の知識や知的な能力を過剰に低く見積もることは、その裏返しとして、他人の知的な能力を過剰に高く見積もることにつながるからだ。そうなると、他人は自分の知らないことを知っていると考えてしまい、他人の考えにいつも従ってしまう人(常にグルに従うフォロワーのような人)になってしまう。そして、このような人は「**知的に隷属している人**」と呼ばれることになる。つまり知的に謙虚であるためには、自分の知的な限界を広く見積もりすぎる知的傲慢と、狭く見積もりすぎる知的隷属の中間を縫いながら、自分の知的限界を正しく見極め、その限界に対して適切な仕方で対処する必要がある(Whitcomb et al. 2017)。この点で、**判断を委ねるべき場面で判断を委ねるべき相手にきちんと判断を委ねることができる人**こそが知的な謙虚さという徳をもっている人であり、その判断を自律的に行える人こそが本当の意味で知的に自律している人だといえるだろう。

専門家への信頼は取り戻せるか

本章の冒頭で紹介した地球平面説や気候変動否定論を信じる人たちについて改めて考えてみよう。もしも彼ら彼女らがネット上で見つけたこれらの学説の説明をみて、多くの専門家たちが知らない真実を自分が知るに至ったと考えているとすれば、自分の知的限界に気づいていない点で、知的な謙虚さを欠いている。しかしもうひとつの可能性がある。それは、自分には真実を見極める能力がないと自覚したうえで、地球平面説や気候変動否定論を唱える「専門家」に判断を委ねている場合である。これは、一見すると知的謙虚さが発揮されているようにみえる。しかし、ここでその「専門家」を信じてよいかどうかの判断に関する知的な自律性は発揮されていない。ここには、誰に判断を委ねるべきか、吟味しなくても自分にはよくわかっているという知的な傲慢さが露わになっているように思われる。

あるいは、これらの説を信じる人々にとって、既存の専門家が信頼できないことは結論ではなくて前提なのかもしれない。つまり、そこには既存の知的権威に対する全面的かつ根本的な不信が最初から埋め込まれているのかもしれない。フェイクニュースが反エリート主義と結びついていることは、これまでもしばしば指摘されてきた（Priest 2021）。そして、既存の学説の否定を試みる自称「専門家」は、一部の知的エリートが真理の審級を担っている現状の改革を目指し、それをある意味で煽動しているようにみえる。水島治郎は政治的なポピュリズムを「「人民」の立場から既成政治やエリートを批判する政治運動」として捉えている（水島 二〇一六）。この表現を借りれば、彼らの言動は知的なポピュリズムとみなすこともできる。

このような既存の知的権威を否定する動きに、インターネットが大きく貢献していることは疑う余地がない。フェイクな専門家がさまざまなフェイクな学説をネット上で流布していたとしても、既存の専門家はそれに気づくこともないし、たとえ気づいたとしても多くの専門家は反論する必要性すら感じないだろう。既存の学問的パラダイムのなかで提起された異論とは異なり、そのような説に反論しても得られる学術的な成果はほとんどないからである。しかし、このような交わることのないフィールドの外側でフェイクな学説が徐々に信奉者を増やし続けていることは、既存の知的権威の土台が静かに掘り崩される事態を招いている。T・ニコルズはこのような事態を「**専門知の死**」と呼んでいる（Nichols 2017）。

では、もはやこの流れを止めるすべはないのだろうか。ひとつ考えられる方策は、専門家の側がこれまでのように自分たちの生み出した知的な成果をアピールするだけでなく、その成果を検証し、成果の信頼性を保証するために何が行われており、どのようなシステムが確立しているのかを広くアピールしていくことであろう。われわれが日々のニュースで目にするのは、このような知識の品質保証システムが機能しそこなっている事態（たとえば、資格試験の不正や研究不正、査読の不備など）であり、これらのシステムが正常に機能している圧倒的に多数のケースはそもそもニュースにならない。したがって、専門家はこのようなシステム不全が起こらないようにメンテナンスと改善を続けるとともに、そのプロセスの透明性を高め、品質保証の仕組みの理解を求めていく必要がある。他方で非専門家の側も、フェイクニュースが行き交う現代社会のなかで、専門知とそれを支える知識の品質保証制度をわれわれの認識の基礎としてどのように位置づけなおすのか（たとえば、情報インフラの整備のひとつとしてそれを公共政策のうちに組み込むのか、等々）を改めて考えていく必要がある。

第4章　マスメディアはネットよりも信じられるのか

インターネットメディアの登場

かつて、情報は人と人とが直接会って、口伝えによって伝達されていた。しかしそのあり方は新聞、テレビ、ラジオ、雑誌などのメディアの登場によって大きく変化した。それらのメディアはさまざまな情報網を駆使して多くの情報を集めるとともに、印刷技術や通信技術の発達がもたらした新たな伝達手段を通じて、その情報を広く多くの人々に届けるようになった。マス(mass：大量の、大衆への)コミュニケーションを担うマスメディアの誕生である。

しかし、マスメディアが果たしてきた役割はそれだけではない。というのも、集めた情報はすべて発信されるわけではなく、発信する情報とそうではない情報の選別が行われているからである。その選別には、大きく分けて二つの基準がある。それは、伝えるに値する情報か否か、そして信頼できる情報か否かという基準である。マスメディアはこれらの基準に照らして、大衆に伝えるべき情報をふるいにかけるフィルターの役割を果たしてきた。

このような既存のマスメディアと比較したとき、インターネットの登場は大きな転換をもたらした。そのひとつは情報が瞬時にまた広く伝えられていくことであり、その影響はこれまでみてきたとおりである(この意味であれば、インターネットはもっとも多くの情報をもっとも多くの人々に伝える新たな「マスメディア」とみなせるかもしれない)。もうひとつの転換は、従来はマスメディアのフィルターを通して伝えられていた情報が、インターネットの登場によってフィルターなしに直《じか》に人々に届けられるようになった点である。

では、このようなフィルターの除去は、望ましいことだったのか。それとも、そうではなかったのか。

情報の門番

マスメディアのフィルタリングを否定的に捉える見解として、フィルタリングを一種の検閲とみなす立場がある(Posner 2005)。一般的に、検閲は表現の自由を制限するため、望ましくないものだと考えられている。同じ理由から、マスメディアによるフィルタリングも望ましいものではないと考えることは可能だ。

しかし、ゴールドマンはこのような見解に反対する。彼は論文「ブログの社会認識論」のなかで、フィルタリングを、情報が通過できるかどうかを決める門番の役割に喩《たと》えたうえで、その役割を果たす具体例として**査読制度**と**陪審制度**の二つを挙げている(Goldman 2008)。

査読制度は前章で紹介したように、その分野に詳しい専門家が別の専門家の論文を評価する同僚評価の原則に従って行われ、掲載される論文が選別される。この意味で、どのような論文を公表し、どのような論文は公表しないかをフィルタリングしているわけであるが、このようなフィルタリングを検閲とみなして批判する人はいないだろう。

陪審制度は、イギリスの伝統的なコモン・ロー裁判に由来する制度であり、そこでは争点となる事実の認定を法の専門家ではない陪審員が行う。評決の前にさまざまな証人が登場するが、どの証人のどのような話を陪審員に聞かせるのかを決める権限は裁判官にある。つまり、ここでは裁判官が情報の門番の役割を果たしており、これもある種の情報のフィルタリングだといえるが、表現の自由の侵害であると非難する人はいないだろう。

ゴールドマンがこの二つのシステムを肯定的に捉えているのは、それらが「**真理を多く、誤りを少なく**」という認識目標に資するからである。そして確かにそれぞれの制度において査読者や裁判官は、間違った情報、不正確な情報、不確実な情報などを排除し、より確かな情報だけを読者や陪審員に伝えようとしている。ゴールドマンによれば、マスメディアのフィルタリングもこれらと同じ働きをしていることになり、それゆえわれわれの認識にとってよいものだということになる。

マスメディアの理想と現実

しかし、本当にそうだろうか。コーディは、ゴールドマンの言っているのは理想論であって、現実のフィルタリングはそのような働きをしていないと反論している(Coady, D. 2012)。たとえば、イランや北朝鮮で(最近であればここにロシアも加えて)マスメディアが果たしているフィルタリングは真実を伝えるという役割を果たしておらず、むしろ虚偽を増幅している側面さえある(日本の場合はアジア太平洋戦争中の大本営発表がそれにあたる)。そして、「アラブの春」などで示されたように、SNSやブログの書き込みによって、国営メディアが流す虚偽の情報が検証され、結果として真実の獲得が促進されたという事実もある。これらの現実が示しているのは、マスメディアのフィルタリングはむしろ認識的に悪い影響を与える可能性があり、フィルタリングの除去こそが認識的によい結果をもたらしうるということである。

このようなコーディの指摘は、「その情報がマスメディアによって伝えられている」という事実だけを根拠にその情報を信じてはいけないという立場(マスメディア版の〈証言だけでは不十分派〉)とみなすことができる。つまり、テレビや新聞のようにマスメディアの形態をとっていればそのまま信頼できるわけではなく、それがどういうマスメディアなのかを含めて情報の信頼性を評価する必要がある。

査読制度との類比は成り立つか

さらに、ゴールドマンの言うように、マスメディアが行っているフィルタリングと査読とのアナロジー（類比）が本当に成り立つのかも疑問の余地がある。論文のフィルタリングを専門家が行うことについては、論文の内容の正誤を判定できるのは専門知を具えた専門家だけだと正当化することができる。では、報道される内容のフィルタリングをジャーナリストが行うことについて、同じように正当化できるだろうか。

職業ジャーナリストは、ある事件や事象の取材・調査に専念する時間が一般の人よりもはるかに長く、入手した独自の取材データや証言をもとに事の真相を吟味したり、確かめたり、誤謬を正したりすることに時間と労力を費やすことができるとはいえる。

しかし、コーディはこのようなジャーナリストの優位性に対しても異を唱える。確かに一人ひとりを比較して考えた場合は、ブロガーのそれぞれの能力や費やすことのできる時間や労力は、職業ジャーナリストに敵わないかもしれない。しかしSNSやブログの参加者の数は膨大であるので、それらの参加者トータルでみたときの調査能力と検証能力でジャーナリストを上回ることは可能である。たとえば、近年誰もが事件や事故を伝える発信者になることができ、それらの情報がSNSにあげられることで、マスメディアが伝えきれないほど多くの事件や事故が世界中の人々に伝達されている。そして情報の吟味や検証に関しても、SNSやブログでの発信に対してはその読者からのコメントによって即座に訂正が可能である。つまり、SNSやブログの読者は単なる情報の受け手ではなく、情報内容を新たに発信し、検証する機能も果たしており、既存のマスメディアが発信した情報をチェックする機能をも果たしている。

このように市民が情報の収集・発信・検証に参加する**情報の民主化**によって、既存のマスメディアが担ってきた機能はすべて市民が担えるようになっている。したがって、市民に対するジャーナリストの優位性はすでに失われており、インターネットがフィルタリングなしに情報を直接市民に伝えられるようにしたことはわれわれの認識にとってよいことだとコーディは考える。

マスメディアを信頼する根拠

このようなコーディの考えについて、あなたはどう思うだろうか。私自身は情報の民主化がもつ利点を認めつつ、素直に頷《うなず》けないところもある。というのも、少なくとも私は実生活において、多くの場合既存のマスメディアが伝える情報をネット上の情報よりも信頼しているからである。しかし、すべてのマスメディアに信頼を置いているわけでもない。では、私はいったい何を根拠にマスメディアを信頼し、何を根拠に信頼できないマスメディアを選り分けているのだろうか。

第一に、ジャーナリストは単に他人の証言を右から左へ伝達する媒介項ではない。第2章で、うわさの伝達の際に伝え手が発揮しうるさまざまな知的自律性を検討したが、ジャーナリストにはそれ以上の知的自律性の発揮が求められる。ジャーナリストは複数の情報源から証言や証拠を集める「裏取り」と呼ばれる検証作業を行ったうえで、相手の証言が不明瞭であったり、自分の取材結果と合致しなかったりする場合には、批判的な観点からの質問や反論をしながら、相手から新たな証言を引き出すことが期待される。このような役割は、既存の情報を分析するだけのブロガーの場合には果たせないものである。近年、有名人の発言やSNSでの発信をそのままネット上から転載するメディアも増えてきているが、そこには情報媒介者の知的自律性がまったく発揮されておらず、先の基準ではジャーナリストとしての仕事をしていないことになる。

第二に、職業ジャーナリストには真理へのインセンティブが働く。職業ジャーナリストの定義は難しいが、仮に「ニュースを提供する組織(テレビ局、新聞社、出版社など)に属しているか、それらの機関と契約して、報酬を得ている人」として捉えるならば、間違った情報を発信することは、自分の所属する組織にとってさまざまな不利益をもたらすことになる。結果としてその組織によって処分され、ことによると解雇される可能性もある。この点で職業ジャーナリストには、個々人の考えや信条がどうであれ、間違った情報を伝えれば外部からの制裁(処分や解雇による金銭や身分上のリスク)が生じ、それが真理への外発的なインセンティブを与えることになる。

さらに、ジャーナリストには真理への内発的インセンティブを与える倫理指針が存在する。伊勢田哲治は、ある職業を「専門職」と呼ぶための条件のひとつとして、その業界独自の倫理綱領をもつ点を挙げている（伊勢田 二〇〇五）。たとえば、専門職の代表例とされる医師や弁護士や技術者はそれぞれの業界が掲げる倫理綱領をもっているが、ジャーナリストにもそれに類するものが存在している。通信社ロイターが掲げる、ジャーナリストが守るべき行動・倫理規範（「常に正確さを不可侵の価値とする」「公平さと、偏見からの自由を常に目指す」等）や、日本新聞協会の新聞倫理綱領（「記者の任務は真実の追究である」等）などがそれにあたる。これらが示す規範は、「真なる報道が多くなるようにし、間違った報道を避けるようにせよ」というジャーナリスト版の認識目標と呼べるものである。

それに対して、インターネットで情報発信を行うブロガーにはこのような真理への外発的・内発的なインセンティブが働きにくく、むしろネット上ではそうではないインセンティブが働きやすいことは、これまでみてきたとおりである。

第三に、報道内容の事前チェックと事後チェックのシステムの存在が挙げられる。多くのマスメディアでは、取材した情報が発信されるまでに複数の記者、校閲者が関わる編集作業の仕組みを備えており、十分に検証されていない情報がそこでふるい落とされることで、報道前のフィルタリングが行われている。

さらに、報道された内容は事後のチェックもされる。たとえば、新聞やテレビが他社の報道を批判したり、訂正を促したりする慣行はメディア同士の相互チェックの仕組みのひとつといえるだろう。また、テレビに対してはBPO(放送倫理・番組向上機構)、新聞に対しては各新聞社の設置する第三者委員会など、それぞれのメディアとは独立に報道内容をチェックする機関を設けている場合もある。

これらの仕組みはいずれも、マスメディアが伝達する情報に対する品質保証システムとみなすことができる。それに対して、少なくとも現状ではインターネット上の情報発信に対するこのような品質保証システムは存在していない(ただし、二〇二二年に日本ファクトチェックセンター(JFC)が設立され、インターネット上の情報に対する事後的なチェックシステムの試みが始められている)。

このように考えてみると、個人としてのジャーナリスト、組織としてのメディア企業、専門職団体としてのマスコミ業界とが、相互に情報の正しさをチェックし合う知的な自律性を発揮することで、情報の品質を保証する一定の仕組みを構築してきたとはいえる。したがって、部分的にではあるが査読制度と類比的に捉える余地はありそうだ。

では、われわれはマスメディアの伝えていることを信じてもよいといえるのだろうか。数えきれないほどの「否」の返答が聞こえてきそうだ。曰く、私が挙げた点はすべてゴールドマンと同じくマスメディアについての理想論にすぎず、現実の姿はまったく異なるのだ、と。

たとえば、ジャーナリストが知的な自律性を発揮することについては、それはむしろ情報を歪める懸念ともなりうる。相手に何かを質問することで真実を引き出そうとすることは、自分たちの望む「真実」を引き出すための誘導ともなりうる。つまり、マスメディアが証言に介入することは、自分たちが事前に描いたシナリオの方向に事実を歪める危険性がある。さらに自分たちの望むシナリオに沿ったかたちで証言の一部を切り取って、ミスリードを誘うこともある。そのようなことが行われるくらいなら、むしろ知的自律性など発揮せずに右から左へそのまますべての情報を流してもらったほうがよいくらいだし、インターネットはまさにそれを可能にしてくれている(証言の誘導や切り取りの問題)。

真理への外発的インセンティブに関しては、ジャーナリストの所属先や契約先がどのような方針をもつのかに依存する。たとえば煽情的な記事を多く発信するメディア企業に所属している場合には、間違った情報を避けるという規範よりも読者を楽しませるという規範が優先されることになるだろう。あるいは、新聞や雑誌などは特定の政治思想への傾きをもっていたり、特定のスポンサーの意向を気にしなければならない局面もあり、その点でメディア企業には前章でみた特定の利害関心があることが多い。この場合には所属企業の方針に沿った記事を書くジャーナリストのほうが優遇され、真実を追究する記者のほうが制裁を科される可能性がある(イエロー・ジャーナリズムや偏向報道の問題)。

また真理への内発的インセンティブに関しても、業界としての倫理綱領がすべてのジャーナリストに共有されているわけではないだろう。何よりそのような倫理綱領を知っていることと、各々のジャーナリストがその倫理綱領を遵守していることとは別のことである。したがって、ジャーナリストの認識的な規範が全員に浸透していると考えるのは楽天的すぎる(ジャーナリスト倫理の問題)。

情報の事前チェックと事後チェックの仕組みに関していえば、それらのチェックを担う人物の人選が適切なのか、身内に甘いチェックになってはいないか、本当に第三者の立場から公平なチェックを行っているのか、等々が疑わしいケースがある。たとえば、テレビ局の番組制作のあり方をチェックする第三者委員会のメンバーに、その局の番組によく出演している人が選ばれることがあるが、その場合には十分なチェック機能が働かない可能性がある。したがって、組織としても、業界としても、自律的なチェックシステムが機能しているのかについて疑念は残る(組織や業界のチェック体制の問題)。

メディアの評価の細分化

これらの反論は、どれもある意味ではもっともなものであり、実際にそのような問題を感じさせるマスメディアも少なくない。そしてこれまでマスメディアの報道において、数々の誤報、ミスリード、やらせ、捏造、等々が発覚してきたこともまた事実である。したがって、これらを理由にマスメディアの伝えることを信じられないと「（マス）メディア不信」に陥る気持ちもよくわかる。

しかし私がここで提案したいのは、「マスメディア」という大きな括りではなく、もう少し細分化したうえで信頼性を評価していくことである。たとえば、一般的に「マスメディア」としてまとめられる新聞、テレビ、ラジオ、雑誌などは、メディアとしてのあり方も異なり、相互チェックによって情報の品質を保証する仕組みも異なっている。さらに、新聞でも複数の新聞社があるし、テレビでも公共放送もあれば民間放送もあり、それぞれ報道番組もあれば、バラエティ番組やワイドショーのような番組もある。そしてこれらの番組ごとに、情報チェックの仕組みも、真理へのインセンティブも、課されている倫理規範も異なるであろう。さらに細分化していけば、その番組のプロデューサーやその記事を発信した記者や編集者にまで遡ることができるかもしれない。

そして、メディアをどのように**細分化**するのかによって、誤報や捏造などの誤りの評価も変わってくる。可謬主義に立てば、過去に誤りがあったという事実だけではそのメディアが信じられないということにはならない。重要なのは誤りがどのくらいの頻度で生じてきたのかである。つまり、第1章でみた証言の一致条件をメディアに適用して「そのメディアが伝えてきたことがどのくらい事実と一致していたのか」という観点から、メディアの信頼性を評価してみる必要がある。

一九八九年に世界最大級のサンゴが何者かによって落書きされていると朝日新聞が写真付きで報じた。しかし、のちにそれは朝日の記者自身(仮にA氏とする)によって書かれたものだったことが発覚した。この事例を、一致条件のもとで評価するとどうなるだろうか。

一致条件を判定するためには、(1)その証言を誰が言ったのか(発信者の特定)と、(2)その証言がどのくらい事実と一致していたのか(発信内容が真であった割合の特定)の二点を特定する必要があった。ここでの「発信者の特定」(1)が「メディアの括り方」に対応し、その括り方によって「真であった割合」(2)が変わってくることになる。たとえば、ここでの情報伝達メディアを〈新聞〉と括った場合には、この誤りは〈新聞が伝えたこと(α)〉が誤っていた事例となるので、読売や毎日など他の新聞社の信頼性もまとめて落とすことになる。しかし〈朝日新聞〉と括った場合には、〈朝日新聞が伝えたこと(β)〉が誤っていた事例となるので、他の新聞社の信頼性は変わらず朝日新聞の信頼性だけを大きく落とすことになる。さらにこの括りを細分化して、〈朝日新聞の社会面〉や〈A氏の書いた記事〉という仕方で括ることもできる。この場合、朝日新聞のその他の紙面やその他の記者の記事の信頼性を変えずに、特定の紙面や記者の記事の信頼性だけが大きく落ち込むことになる。

もちろんこれは一致条件だけで考えた場合なので、たとえば同じような取材方法や教育システムやチェック体制をとっているという理由から、他の新聞社や他の記者の記事の信頼性が同時に落ちる場合も当然あるだろう。実際、その誤りの原因をどこに見出すのかによっても、その誤りの主体となるメディアを〈新聞〉と括るのか、〈朝日新聞〉と括るのか、〈A氏〉と括るのかも変わってくる。したがって、メディアの信頼性を評価するためには、これまで挙げてきた評価の観点をすべて加味して総合的に評価する必要がある。

このようなメディアの細分化を行うメリットは、相対的に信頼できるメディアとそうでないメディアとをきめ細かく見極められるようになる点にある。われわれはやらせや捏造が発覚したニュースに接すると「だから、マスコミは信用できない」と考えてしまいがちだが、そのような過度な一般化は活用できるメディアの範囲を不必要に狭めてしまうことになる。あるいは「新聞の書いていることは信用できない」とか「テレビの言っていることは信用できない」と言いたくなるが、そこをもっと細かくみていくことで「▲▲新聞は信用できない」「□□新聞の△△という記者の記事は信用できない」「××テレビの○○という番組は信用できない」「○

○という番組のコメンテーターである△△氏は信用できない」といった具合に、よりきめ細かい評価が可能となる。さらに「○○が伝える医療についての内容は信用できないが、経済についての内容はおおむね信用できる」のように話題ごとに細分化して評価することで、該当メディアのすべてを切り捨てることなく、活用できる部分を可能な限り残していくこともできる。

インターネットメディア（YouTubeチャンネルやまとめサイト等）に対しても、この考え方はある程度応用できる。そして、このような細分化された評価によってそれぞれのメディアの信頼性を見極めておくことで、話題や状況に応じて自分の認識の基礎とするメディアを賢く使い分けることもできるようになる。

メディアの信頼性のチェックポイント

- ジャーナリストの知的自律性が正しく発揮されているか（特定の利害関心に基づく誘導や偏向のおそれはないか）
- 真理への外発的インセンティブ（誤りへの制裁等）や内発的インセンティブ（倫理規範等）は働いているか
- 事前（組織内）および事後（業界）のチェック体制が正しく機能しているか
- 過去の誤りの頻度はどのくらいであったのか

陪審制度との類比は成り立つか

では、ゴールドマンがもうひとつの例として挙げていたマスメディアと陪審制度との類比はどのくらい成り立つだろうか。陪審制度におけるフィルタリングが「真理を多く、誤りを少なく」という認識目標に資するとすれば、その理由は大きく分けて二つの点から考えることができる。

第一に、どの証人の意見が信用でき、どの証拠が信頼できそうかを裁判官が事前に判断して取捨選択することで、陪審員が正確な情報のもとで事実判断できる。これはここまでみてきた情報のフィルタリング機能に近い。第二に、陪審制度では対立する立場のそれぞれに相手側の意見に対する反論の機会が与えられており、陪審員は双方の意見と反論を聞いたうえで判断できる。ここからは、この第二の観点からマスメディアのフィルタリングを考えてみたい。

ゴールドマンはインターネットとマスメディアを比較した場合に、ＳＮＳやブログの読者は陪審員とは異なる状況に置かれていると考える。それはインターネットにおける読者や視聴者は、陪審員のように対立する立場の弁明をそれぞれ同じくらいの時間をかけて聞く（読む）時間が与えられているわけではないからである。そもそもその発信ページや投稿のうちに対立する意見が載せられていることは少ないし、反対意見のリンク先が示されていることも稀であろう。

むしろ、多くの場合そこで紹介されたりリンクを貼られたりしているのは自分と同じ立場の意見のものばかりである。

インターネット上の情報と比較した場合に、マスメディアの伝える情報は対立する主張をある程度公平に扱うことが求められており、そこで陪審制度と類比的な公平性のフィルタリングが課されているといえる。もちろん、実際にどの程度の公平性がメディアに要求されるのかは国や地域によっても大きく異なっているし、メディアによっても異なってくる。たとえば、アメリカのように、かつてテレビやラジオに放送の公平性を保証するために課していた「公平原則(fairness doctrine)」が廃止されてそれぞれのメディアの色合いが比較的はっきりしている国もあれば、日本のように今でも放送法第四条において、「政治的に公平であること」や「意見が対立している問題については、できるだけ多くの角度から論点を明らかにすること」などを定めている国もある。しかし現状はどうあれ、ゴールドマンによれば、マスメディアの事前のフィルタリング機能によって対立する主張にも同じだけの時間や紙面を割いたほうが、情報の受け手は双方の言い分を十分に考慮して自分が何を信じるべきかを判断できることになるので、認識的に望ましいといえる。

しかし、本当にそうなのだろうか。

第一に、本当に反対の主張をすべて取り上げるべきなのだろうか。たとえば、地球が丸いという主張やナチスによりホロコーストが行われたという主張にさえも、反対意見は存在する。しかし、マスメディアは地球平面説の主張やホロコーストを否定する主張をも十分な時間や紙面を割いて伝えるべきなのだろうか。おそらく、そう考える人は少ないだろう。その理由は、地球球体説やホロコーストの存在はこれまで数多くの証拠によって支持されてきたのに対して、これらの主張はそうではないからである。にもかかわらず、同じだけの時間や紙面を割いてこれらを伝えることは、「その主張はまだ未決着で、同程度の確からしさをもって論争中の立場のひとつである」という間違ったメッセージを暗黙のうちに伝えることになってしまう(安易な「両論併記」は常にこの危険性をはらんでいる)。そしてそのメッセージは、これらの反対の主張に対して実情とは異なる(たとえば、前章で扱った他の専門家による同意の多さについて、実情とは異なる)誤った認識的地位を与えることにつながる。この意味で、伝えるべき反対意見とそうでないものをマスメディアがフィルタリングしていることには一定の合理性が存在する。

第二に、賛成と反対の立場だけで考えてよいのだろうか。たとえば現実の政治問題について考えた場合に、そこでは常に裁判における原告と被告のように、賛成と反対の二つの立場に明確に分かれるわけではない。そのあいだの中間の意見も含めて、もっと多様な立場からのさまざまな主張がありうる。ゴールドマンによる陪審制度とのアナロジーが成功するように思われるのは、伝統的に陪審制度が採用されてきたイギリスやアメリカでは二大政党制がスタンダードであり、対立軸が比較的明確だったからであろう。それに対して、賛否以外の多様な立場があるとした場合には、既存のマスメディアは放送時間や紙面の制約があるため、多様な意見をすべて取り上げることが構造的に不可能となる。この点に関しては、それらの制約のないインターネットのほうが多様な意見をそのまま伝えることができるという利点をもつ。

しかし、ここに第一の問いが立ちふさがる。インターネット上の多様な意見のうちには、先ほどの地球平面説の主張やホロコーストの存在否定派の主張なども含まれることになる。このような主張に触れることは、単に間違った信念がひとつ増えるだけでなく、より体系的な科学否定論や陰謀論への道を開いてしまう危険性を秘めている。

第三の問いは、まさにこの点に関わる。すなわち、意見の多様性は本当に価値があるのだろうか。そもそも「多様である」とはどういうことで、もしも価値があるのだとすれば、それはどのような価値なのだろうか。もちろん、多様性を認めることは倫理的な意味で望ましいことである。しかしここで問いたいのは、多様性の倫理的価値ではなく、認識的価値である。つまり、われわれが「真理を多く、誤りを少なく」することを目指すならば、意見は多様であったほうがよいといえるのだろうか。

多様性の認識的価値

この問いに対してまず思いつく回答は、**比較がもつ価値**である。ひとつの意見を検討するだけではみえてこなかったメリット、デメリットが、その反対の意見と比較してみることでよく理解できるようになる。これは賛成・反対に分かれて行われる競技ディベートの利点を考えてみるとよくわかるだろう。

しかし、おそらく多様性がもつ認識的価値はこれだけではない。この点を近年のフェミニスト認識論（feminist epistemology）の議論を借りて考えてみよう。Ｈ・Ｅ・ロンジーノは、科学の探究に携わる人たちの**属性**（**ジェンダー、人種等**）**に多様性がある**ことが偏見を除去するという認識的な利点をもつと考える（Longino 2002）。われわれの探究はさまざまな価値観や偏見を背景として行われており、それらが有効に機能している場合もあれば、適切な問題設定や仮説形成や検証を妨げている場合もある。しかもそれらの偏見は無意識に抱かれていることが多いので、同じ属性の人たちばかりで研究しているとそれに気づくことは難しい。

たとえば、女性の空間認識を実験した結果に対して、男女には能力差があるという男性研究者の偏見がそのデータの解釈に影響を与えている可能性はある。しかしそこに異なる属性をもった人が入ることで、異なる解釈が可能となり、偏見の指摘や相互批判を通じて、過度な偏向を回避することができる（ただし、参加者相互の批判の場が確保されている、という条件付きではあるが）。そしてこの効果は、より多数の観点をより平等な仕方で含むことで、より大きなものとなる。つまり、探究に携わる人々の属性は多様であればあるほど、認識的に望ましいということになる。さらに、少数派や不利益を被っている人々からなる集団のほうが、多数派や主流派からはみえないニーズや証拠、現象に気づき、現状では無視されている問題についての知識を構築できたりする点で、認識的な利点を享受できるという考え方もある（Wylie 2003、二瓶 二〇二一）。

このような多様性の認識的価値を考慮に入れるならば、単に賛成・反対の両面の意見だけでなく、またそこに収まらない多数の異なる意見だけでもなく、その意見をもつ人たちの属性や社会的な立ち位置の多様性を確保することも大切になる。たとえば、マスメディアがある問題の討論会を企画する際に、そこへ呼ばれる人たちの属性等をできるだけ多様なものにしたほうが、その問題についての先入見を除去したり、みえていなかった問題への新たな気づきを得たりする可能性がより大きくなる。

このように、マスメディアが証言者を選別することに対しては、陪審制度とは異なる意味での認識的な支持を与えることができる。そしてこれは、現代のマスメディアが情報の門番として果たすべき重要な役割のひとつとなりうる。

インターネットのフィルタリング問題

ここまで、マスメディアを情報をフィルタリングする媒体と考える一方で、インターネットはそのようなフィルタリングが除去された媒体として扱ってきた。しかし、本当にそういえるのだろうか。というのも、インターネットは確かに既存のマスメディアのフィルターを除去したかもしれないが、同時に新たなフィルターを設けているからである。

この問題に関しては、E・パリサーが名づけた「**フィルターバブル**」と呼ばれる現象が有名である（Pariser 2012）。これは、インターネットにおいて、利用者の思想や行動特性に合わせた情報ばかりが作為的に表示される現象を指す。たとえば、ネットサーフィンをしているときに私が目にする広告や、Amazon や Facebook などを利用する際に表示されるニュースや「おすすめ」などは、過去の私の検索履歴や購買情報からある特定のアルゴリズムを備えたエンジンが行動パターンを学習し、私の好みに近い情報が優先的に表示される仕組みになっている。このようなアルゴリズムの働きによって自分だけの情報宇宙に包まれることを、彼は「フィルターバブル」と呼ぶ。

もうひとつ、よく知られた現象として「**エコーチェンバー**」と呼ばれる現象がある。これは、インターネット上のSNSなどで自分と同じような意見ばかりが跳ね返ってくる状態になることを、自分の声があらゆる方向から増幅されて返ってくる閉じた反響室(echo chamber)との類比で表現している。この言葉自体はインターネットが普及する以前から存在していたが、とりわけ注目されるようになったのは二〇一六年のアメリカ合衆国大統領選挙であった。そこではドナルド・トランプの問題発言やスキャンダルがどれだけマスメディアに取り上げられても、彼の支持者のあいだではそれらがあまり問題とされず、むしろマスメディアの批判と反比例するかのようにインターネット上のコミュニティにおいてトランプ支持の声が高まっていった。

このように、フィルターバブルとエコーチェンバーは結果として生じる現象は重なり合う部分も多いが、与えられる情報がコンピュータのアルゴリズムによって自動的にフィルタリングされてしまう点に重きが置かれる前者に対して、後者はその言論コミュニティのなかで人々の意見が偏った仕方で形成されていく点に重きが置かれている。

フィルターバブルの認識論

しかし、これらは本当に新しい現象といえるのだろうか。というのも、与えられる情報が偏るという点に関していえば、先ほどみたように多かれ少なかれ既存のマスメディアもそれぞれ偏っているともいえるからである。そして、自分に同調してくれる人たちだけのあいだでコミユニティを形成する点も、リアル社会のなかで従来からしばしば行われていたともいえる。したがって、そこにはむしろ人間のある種の普遍的な集団心理が反映されているのであって、とりたてて新たな問題ではないとも考えられる。

だが、やはり大きな違いもある。それが何なのかを、パリサーが挙げるフィルターバブルの特徴をもとに考えてみたい。

まず挙げられる特徴は、一人ひとりが孤立している点である。従来のテレビ番組であれば、たとえそれがかなりマニアックな内容であっても、同じ番組を多くの人々が観ている。それに対して、フィルターバブルにおいて提示される情報は、個人の検索履歴や視聴履歴に基づいてその人向けにパーソナライズされており、自分専用にカスタマイズされている。このことは体験の共有を妨げ、われわれを引き裂く遠心力として働く。

次に、フィルターバブルが見えないことも大きな違いだ。たとえば、私が新聞や雑誌を手にとるとき、私はそれらのメディアがそれぞれどのような思想的傾きをもっているのかを多くの場合自覚している。そしてそれは、複数の新聞や雑誌を読み比べてみることで容易にみてとることができる。それに対して、フィルターバブルのうちで与えられる情報にそのような傾きがあることを自覚するのは難しい。というのも、フィルターバブルのなかではすでに事前に選択された情報のみが与えられており、選択されなかった情報も、選択プロセスも見えなくなっているからである。

さらに、われわれはそのような状況にいることを自分で選択したわけではない。自分がどのような番組を観るか、どのような新聞や雑誌を読むかに関しては、私は自分自身で選択をしている。しかし、インターネットのフィルターを通して与えられる情報は、特定のアルゴリズムによって選ばれるものであり、私自身はその選択に関与していない。そしてそのようなフィルターはあらゆるウェブ上で機能しており、インターネットを使用する限り、われわれがそれから逃れることは難しい。

このようにインターネットに組み込まれているフィルターは、**「孤立している」「見えない」「選べない」**という点において、従来のマスメディアのフィルターとは異なる特徴をもっている。フィルター越しに世界についての情報を得るというと、色つきのメガネで世界を見る(いわゆる「色メガネで見る」)ことと比べたくなるが、メガネであればそれをかけていることを自分で認識できるし、メガネをかけるかどうかも自分で選択できる。しかし、フィルターバブルではそれができないところに従来のフィルターとの最大の違いがある。

本書ではこれまで、他人の証言を信じる際に、証言を伝える人や伝えるプロセスを評価する知的自律性を発揮する必要があることを強調してきた。しかし、フィルターバブルの状態では情報の媒介過程がブラックボックス化されているがゆえに、われわれはその情報が伝えられるプロセスの妥当性を評価することができない。C・サンスティーンは、膨大な情報の選択肢を一から選ぶのではなく、アルゴリズム化されたフィルタリングに一定の選択を委ねることが多くのメリットをもたらすことを認めつつ、情報を選択しないことを選択する自由が残されている必要があると考える(Sunstein 2015)。そしてその選択の判断材料とするために、情報の選択アルゴリズムがわれわれに開示されていなければならないと主張している。この主張を認識論的な観点から言い換えるならば、自分が信じることに対して知的自律性を十全に発揮するためには、それぞれのプラットフォームでどのようなフィルタリングが行われているのかが公開されており、そのフィルタリングの仕方を自分で選択できる必要があるということになる。

エコーチェンバーの認識論

フィルターバブルの問題が情報の与えられ方の問題だとすれば、エコーチェンバーの問題は情報の検証のされ方の問題とみなすことができる。J・ラッキーはエコーチェンバーの認識的問題として、独立性の欠如と多様な観点の欠如の二点を挙げている(Lackey 2021)。

独立性の欠如は、ウィトゲンシュタインの挙げた朝刊の比喩をもとに説明される(Wittgenstein 2009)。たとえば、今朝の朝刊に近所で

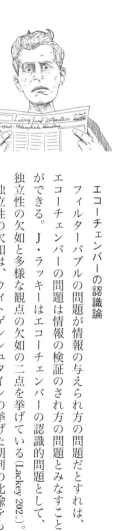

強盗事件が起こったことが載っていたとする。それが本当かどうかを確かめるために同じ朝刊をいくつも買い求めて、そのすべてに同じ事件が載っているのを確認したとしても、それはその事件が起こったことを正当化することにはならない。この比喩の教訓は、何かを「正当化する」ことは、独立した何かに訴えなければ成立しないということである（これは第2章で、異なる情報源の必要性として確認したことにもつながる）。エコーチェンバー内の意見は同じ内容のものが多いが、元をたどるとしばしば同じ情報源から派生している。したがって、それらの意見をたくさん集めて、それらの内容が同じであることによって自分の意見を正当化できると思うのは、同じ朝刊をいくつも読んでいるのと同じ状態に陥ってしまっているのである。

多様な観点の欠如は、エコーチェンバーに集まっている人たちがある特定の指導者的な存在（グル）に対して無批判に従うフォロワーとなってしまっている点が挙げられる。そしてこのような状況で同じ意見が数多くあったとしても、それはその意見を信じるための根拠とならない。このことは、前章ですでにみてきたところである。

ラッキーの挙げる二つの問題点に追加して、ここでバイアス（偏り、偏見）の問題も挙げておきたい。エコーチェンバーを形成するバイアスとしてよく挙げられるのは、**確証バイアス**である。それは、自分の考えが正しいか否かを確かめる際に自分の考えを支持する（＝確証する）証拠ばかりを探してしまい、反証する情報を無視してしまいがちな人間の心理的傾向性を意味している。たとえば、ある人が「血液型と性格には関係がある」と思っていて、相手の血液型がA型だとわかると、A型の性格として知られている几帳面などの特徴ばかりが目についてしまう。そして、実際には几帳面でないことを示す特徴が多々みられたとしても、それを無視することによって自分の考えが確証されたと誤認してしまう。同様の心理メカニズムは、エコーチェンバーを形成する際にも働く。つまり、実際には自分の意見に対立する証拠を目にしているにもかかわらず、それらを無視したり、過小評価したりしてしまい、自分の意見を支持する証拠ばかりに着目してしまう。これは単なる心理的な錯覚の問題にとどまらず、「何を証拠とみなすべきか」に関わる認識論的な問題を含んでいる。

そして、エコーチェンバーは元々もっているバイアスを強化する方向にも働く。たとえば、ある民族に対して特定のバイアスをもっている人はインターネットのフィルタリングによって同じバイアスをもつ人たちの意見に囲まれるようになる。そして、そこでの情報共有や意見交換を通じて、その民族に対する否定的な意見を支持する「証拠」を次々と獲得していく。しかし、その証拠はそのコミュニティのバイアスのもとで選択され、解釈され、加工されたものであり、実際には証拠能力が乏しいものかもしれない。それでも、その人はその「証拠」によって自分の見解が支持されたと考える。この過程を繰り返すことで、その人が元々もっていたバイアスは訂正を免れ、むしろより強化されていくことになる。

認識バブルに陥らないために

フィルターバブルやエコーチェンバーのような状態がインターネットで生じやすいということは、すでに言い尽くされた感がある。しかしこれらの最大の問題は、仮にそのようなネット空間の特徴についての知識をもっていたとしても、いったん自分がそのような閉鎖的な情報環境にはまってしまうと、その環境の内部でのバイアスが無自覚のうちに刷り込まれ、強化されることによって、その人自身の考え方やものの見方が固定化されてしまう点にある。このような状態をここでは「認識バブル」と呼ぶことにしよう。認識バブルのなかでは、外部からの情報を受け入れ、自分の信じていることが間違いであると認めるための認識プロセスが働かなくなり、自分の信念を改訂することがきわめて困難になる(Napolitano 2021)。

このような閉鎖的な認識バブルから抜け出すのはなかなか難しい。しかし、少なくともそのバブルに落ち込まないようにする方法はある。それは、知的な徳を身につけておくことである。ここではそのうちのひとつとして「**知的に公平な心**(intellectual fair-mindedness)」を挙げておきたい。これは、すべての観点や意見を偏見なしに公平に取り扱うような人がもつ徳である(Paul & Elder 2002)。たとえば、自分の考えにとって有利な意見や証拠だけが重要だと考え、自分にとって不利な意見や証拠はそれが自分の考えと合わないという理由だけで軽く見積もったり、自分と他人に異なる基準を適用して判断したりする人は、知的に不公平な人である。

このような知的公平さの徳は、すべての他の徳と同様に、単に「公平に扱え！」とスローガンを聞かされて身につくものではなく、習慣づけられた実践を通じて少しずつ身についていくものである。たとえば、学校教育の場においても、何かの意見を述べるときにそれとは異なる意見や根拠を無視していないか、クラスでの発言に関して特定の人や特定の方向性の意見ばかりを重視していないか(何より先生自身がそうしてはいないか)をその都度確認することは、ひとつの実践例となるだろう。

マスメディアのフィルタリングもインターネットのフィルタリングも、意見や証拠をある方向へ過度に偏らせる危険性がある。そのような情報環境のなかでわれわれが認識バブルに陥らずに多様な観点を確保し続けるためには、ひとつのメディアに限定することなく、さまざまなメディアを通じて情報を入手することが望ましい。われわれが身体の健康を維持するためにさまざまな食べ物を通じてバランスのとれた栄養を得る必要があるのと同様に、われわれの知的な健康を維持するためにはさまざまなメディアを通じてバランスのとれた情報を得る必要がある。

第5章
陰謀論を信じてはいけないのか

フェイクニュースはしばしば陰謀論と結びついて流布される。あるいは、陰謀論そのものがフェイクニュースとみなされることもある。有名なものでは「世界は秘密結社(フリーメーソンやイルミナティなど)が牛耳っている」「アポロ11号は実は月へは行っていない」「9・11はアメリカ政府の自作自演である」「ダイアナ妃は暗殺された」等々であろう。

このような陰謀論は、近年われわれの社会にも大きな影響を与えうるものとなっている。その象徴的な出来事が、死傷者まで出した二〇二一年の合衆国議会の議事堂襲撃事件である。ドナルド・トランプの支持者のなかには、「Qアノン」と呼ばれる匿名掲示板の情報を信じる人たちが含まれていたが、そこでは「アメリカは闇の政府(deep state)によって支配されている」等々のさまざまな陰謀論がさかんに喧伝されていた。そして二〇二〇年の大統領選挙で組織的な不正が行われたと信じて議事堂を襲撃した人たちのなかには、このようなQアノンの提唱する陰謀論の信奉者が多数含まれていたと言われている。

これらの事例をみれば「陰謀論を信じてはいけない」と言いたくなるし、実際に多くの人がそう考えている。しかし、本当に陰謀論は信じてはいけないものなのだろうか。

ポパー、そしてピグデンの考える「陰謀論」

この問いについて考えるためには、まずは陰謀論とはそもそも何なのかを明らかにしておく必要がある。しかしこの問いに答えるのは、実はけっこう難しい。

「陰謀論」という用語を世に広く知らしめ、現在でも陰謀論を論じる際にしばしば引き合いに出されるのが、K・ポパーの「社会の陰謀論」である(Popper 1972)。彼は、陰謀論を**神による説明が世俗化されたもの**とみなす。つまり、かつては世界のあらゆる出来事が神の意図によるものと捉えられてきたが、陰謀論は神の占めていた位置にシオンの賢者(世界支配を目論むユダヤ人結社)、資本家、帝国主義を置くことで、社会で起こるあらゆる出来事をごく一部の個人や集団の計画によるものとして説明する。ポパーは、このように特徴づけられた陰謀論が「社会の行動が**すべて事前に意図したとおりに進む**」ことを前提にしていると指摘する。そして、われわれの社会がしばしば意図したとおりの結果とならない複雑さをもっているにもかかわらず、陰謀論を信じる人たち(以下、「陰謀論者」と呼ぶ)はそれが理解できていないと批判する。

このようなポパーの見解は、その後の陰謀論理解のひとつのスタンダードとなっていった。それに疑義を呈したのが、C・ピグデンである(Pigden 1995)。彼によれば、ポパーの陰謀論への批判は確かに正しい。しかしポパーは、誰も主張していないことを批判している。そもそも、社会で起こるすべての現象を陰謀の産物であるとみなしている人など、いるのだろうか。運動会が延期されたのも陰謀によるものであり、仕事で契約がとれたのも陰謀によるものであり、交通渋滞に巻き込まれたのも陰謀によるものであり……。神の意図が及ぶ範囲であればいざ知らず、陰謀論をここまで一般化すると、そのような陰謀論を文字通りに信じている人などほとんど存在しないだろう。

では、陰謀論をもっと限定されたものとして考えてみるとどうなるか。たとえば、「陰謀(conspiracy)」という言葉の意味を「ある集団が秘密行動によってある出来事に影響を及ぼそうとする秘密の計画」と捉えてみる。すると、ある出来事や事象を陰謀によって説明することは、それほど珍しいものではなくなる。たとえば、かつてイギリスのジョージⅡ世が次の首相の決定を先延ばしにしたことで、首相に選ばれたい代議士たちが王室予算を増額し合うことになり、結果的に王室の予算を吊り上げることに成功した。この歴史的な事実(首相の決定先延ばし)を、王の側近の陰謀によるものとして説明する場合には、ある集団(ジョージⅡ世の側近たち)が秘密行動(ジョージⅡ世に知られることなく陰で首相候補に接近すること)によってある出来事(王室予算の増額)に影響を及ぼそうとした計画によって説明することになる。この説明は、先ほど与えた意味での「陰謀」を想定することによって社会で起こった事象を説明する陰謀論となっている。そしてもしこのような説明を受け入れる人がみな陰謀論者なのだとすると、われわれのほとんどが陰謀論者であることになる。

もちろんこのような陰謀は成功する場合もあれば、失敗する場合もある。ポパーは、陰謀論が歴史的な現象すべてを陰謀が成功した結果とみなしている点を批判しており、物事はそれほど計画通りに進むはずがないと考えている。しかし先ほどの意味で「陰謀」という言葉を考えた場合には、歴史的に成功した陰謀(たとえば、カエサルの暗殺におけるブルートゥスらの陰謀)も、失敗した陰謀(たとえば、ウォーターゲート事件におけるニクソンらの陰謀)もどちらもたくさんある。したがって、このような陰謀を想定する陰謀論を信じることは何ら不合理なことではない。ポパーは、陰謀を想定することは迷信深さの表れであり、陰謀論は一般的に不合理だと考えていたが、ピグデンはそのようなポパーの信念そのものが迷信なのだと批判する。このような問題提起を受けて、「陰謀論を信じることは本当に不合理なのか」をめぐる論争が現在でも繰り広げられている。

不合理ではない

陰謀論は一般的に不合理だと考えられており、その不合理性はある種の病的なものと捉えられ、現在、政治学、心理学、社会学など各方面からの研究対象となっている。しかし本書で何度も登場しているコーディによれば、そのような陰謀論の不合理性を主張する論者の多くは

「陰謀論」という言葉にあらかじめ否定的な価値評価を含ませている(Coady, D. 2018)。その例として、心理学者のR・ブラザートンらの以下の定義が取り上げられる。

> 陰謀論は、まだ検証されておらず、相対的にもっともらしくない陰謀の主張として定義することができ、重大な出来事が非常に邪悪で強力な集団によって実行された秘密の筋書きの結果だと主張するものである。(Brotherton & French 2014, p. 238)

この定義のなかの「相対的にもっともらしくない」という語には「真でありそうにないもの」という意味があらかじめ含まれている。そして、真でありそうにないならば、それを信じるのは不合理なので、この定義からすれば陰謀論を信じることも不合理であることになる。しかし陰謀論が不合理かどうかを考えようとするのであれば、それは明らかに論点先取であり、陰謀論の定義は真偽や善悪といった価値から中立的になされるべきだろう。これは、第2章で「うわさ」に「偽である」という意味をあらかじめ含ませてしまうと「うわさを信じてはいけない」ことが問うまでもなく自明なものになってしまうと指摘したのと同じ論点である。

さらに、陰謀論を信じるのが不合理だと考える人は、多くの場合その具体例として間違った陰謀論ばかりを想定してしまっている。しかし、歴史的には正しいと判明してきた陰謀論も数多く存在する。先ほど挙げたカエサルの暗殺やリンカーンの暗殺などはある集団の秘密裏の計画によって成し遂げられたものであり、陰謀による歴史的事象の説明になっている。しかも、歴史学においても真なる事実として認められている。最近であれば、アメリカ政府が世界中のメールやチャット、ＳＮＳを監視し、膨大な情報を収集していることを告発したエドワード・スノーデンの主張も、アメリカ政府が秘密の計画に従って秘密の活動をしていると想定する点で、陰謀論の一種といえる。そして彼の主張の正しさは、のちにアメリカ政府も認めることになった。もしも、このような陰謀論を主張する人たちを不合理だと切り捨ててしまっていたならば、多くの歴史的な出来事についての事実は明らかにならず、真相が闇に葬り去られてしまったことだろう。

では、「間違っている」とか「真でありそうにない」という否定的な価値評価を含ませないとすれば、陰謀論をどのようなものとして捉えればよいのだろうか。ここで必要なのは、「陰謀論（conspiracy theory）」を科学理論と同様に文字通りひとつの**理論**（theory）として捉えることである。つまり陰謀論は、背後で働いている陰謀（たとえば、ある集団による暗殺計画）を想定

することで、われわれが経験している現象(大統領が殺されたこと)を説明するひとつの理論である。それは、背後で働いているメカニズム(たとえば、水分子の運動)を想定することで、われわれが経験している現象(水の沸騰)を説明する科学理論が行っていることに類似している。

陰謀論をこのように捉えるならば、陰謀論を信じることは何ら不合理なことではない。つまり、「陰謀論は不合理であり、信じてはいけない」という陰謀論についての一般的な主張は誤っていることになる。もちろん、個別の陰謀論に関しては偽であることが判明してきたものもたくさんあったわけだが、その点は科学理論も同様である。しかし、だからといって科学理論が一般的に信じられなくなるわけではない。さらに、科学理論に関しても、未だ真偽が確定しておらず、さらなる探究が必要なものも数多く存在している。同様に、真偽が未確定な陰謀論も存在しているが、そのことは陰謀論自体が間違っているとか、不合理であることを示しているわけではない。むしろ、その陰謀論に対してさらなる探究が必要であることを示している。

そして陰謀論を信じることがどのくらい正しくて、その真偽を確かめる必要がどのくらいあるのかは、その人がどのような社会に属しているかにも依存する(Basham 2001)。たとえば、私が陰謀の渦巻くマフィアの社会に住んでいるなら、世界は陰謀に満ちていると考えるだろうし、それは合理的なことでもある。逆に、陰謀がめったに起こらないし、成功することもほとんどない社会に住んでいれば、陰謀論を一般的にありえないとみなすだろう。したがって、新たに提示された陰謀論の真偽を確かめるべきかどうかは、実際にその社会でどの程度の陰謀が成功してきたのかにも依存することになる。

もちろん、科学理論と陰謀論には違いもある。そのひとつは、科学理論の場合はそれを評価する専門家集団がいることである。それゆえ、われわれ非専門家は科学理論の真偽を判断できなかったとしても、専門家であればその真偽を検証することができるし、われわれはその検証の結果を信用することができる。では、陰謀論の場合はどうだろうか。陰謀論を検証する専門家集団は存在しないので、その検証を担うのは多くの場合ジャーナリストであり、一般市民となるだろう。そして、科学理論の場合とは異なり、陰謀論についてはその理論が正しい、あるいは間違っているといえるためにどのような証拠が必要なのか、必ずしも明らかではない。つまり、検証結果や検証方法の確定性に関して、科学理論と陰謀論のあいだには確かに違いがある。しかしそれでも、陰謀論に対しては「陰謀論だから」という理由だけで退けるべきではなく、科学理論と同様に、**その陰謀が実際に存在している可能性がどのくらい高いのか**をきちんと調べて、検証した結果、退けられるべきである。

社会における開放性

ここまでみてきたのは「陰謀論を一般的に不合理だとみなす必要はない」という消極的な擁

護だったが、陰謀論がもつ積極的な側面に光を当てている人たちもいる。それは、陰謀論が社会における**開放性**を維持するのに役立つという側面である(Clark 2002, Dentith & Keeley 2018)。

一般的に政府や行政機関は、市民に公開されることが望ましい情報であっても、公開されることで自分たちにとって不利になる場合には隠したがる傾向がある。陰謀論者の情報収集活動は、そのような政府の秘密主義を防ぐ方向に機能する。たとえばスノーデンが出てくる前にも、「NSA(アメリカ国家安全保障局)が一般市民の電話を盗聴している」と主張する人は数多く存在していた。しかし彼ら彼女らは「陰謀論者」と揶揄され、嘲笑されるだけで、その主張は真剣に受け止められなかった。もしもこの段階でその陰謀論を検証の対象としていたなら、NSAが市民を監視していたことをもっと早く知ることができたかもしれない。つまり、陰謀論は権力者によって権力が濫用されていないかどうかを市民が監視し、その活動を間接的にコントロールして、権力者がわれわれに重大な危害を加えるのを防ぐことにつながる。そして、陰謀を疑う市民による批判的な眼差しによって、われわれの社会が厳しいチェック機能を備えることになり、閉じられた社会からより開かれた社会に近づいていく。

それにもかかわらず、現在の陰謀論をめぐる状況は魔女狩りに近い。現状では「陰謀論」という言葉は、相手に「不合理な信念をもつ人」というレッテルを貼る機能を果たしている。その結果、ある主張が陰謀論とみなされた瞬間に、その主張内容の真偽は問われる必要のないものとされてしまう。

コーディはこの事態を、M・フリッカーのいうところの「認識的不正義(epistemic injustice)」の一事例とみなしている(Fricker, M. 2007. 第1章で登場したE・フリッカーとは別人物である)。第1章でみたように、われわれは他人の証言を信じる際にその内容だけでなく、その証言者の信頼性(フリッカーの用語では「信用性(credibility)」)を評価したうえで、信じるべきかどうかを判断している。しかしここで聞き手が、話し手の社会的アイデンティティ(たとえば、黒人女性である、等々)に対して偏見を有している場合、聞き手は不当に低い信頼性しか証言者に認めず、その証言が信用されないばかりか、不当に無視されたり、聞き流されたりする。フリッカーはこのような認識的不正義を「証言的不正義」と呼ぶ。コーディは、「陰謀論」という用語の不当な使用を通じて陰謀論者に対する偏見が人々に植えつけられた結果、誰かが陰謀論を主張するとき、その人の証言が不当に信用されなくなる証言的不正義に陥っていると考える。

さて、ここまでの議論を聞いて、あなたはどう思っただろうか。意外にもなかなか説得力があると思ったのではないだろうか。序章で「それはフェイクニュースだ!」という発言が、「やつらの言うことを信じるな!」という命令や勧告として働き、自分と異なる意見を抑圧したり、その発言を無効化したりするための道具として用いられる危険性をもつことを指摘した。

同様に「陰謀論だ!」という言葉が、相手の発言を不当に抑圧することになっていないか気をつける必要は確かにあるし、権力者の陰謀を指摘する声があれば、不当に軽視しないように注意する必要もある。そして「陰謀論」の定義のうちにあらかじめ不合理性が含意されてしまうのであれば、確かに陰謀論は初めから議論の余地なく信じてはいけないものになってしまうだろう。

しかしこれらは、陰謀論を初めから不合理だと決めつけたり、「陰謀論」の定義のうちにあらかじめ不合理性を含意させてしまったりしたことから生じる問題である。それに対して、われわれが日常的に「陰謀論」と呼んでいるさまざまな事例のうちにゆるやかに重なり合った特徴をみてとることができ、それらの特徴が不合理な信念をもたらしていると考える余地はまだ残されている。

歴史学の陰謀論

ここで、歴史学における陰謀論研究を取り上げてみたい。歴史学者の呉座勇一は、日本中世の歴史的な事件や出来事の真相を解き明かしたと称するさまざまな説を批判的に吟味したうえで、陰謀論による説明を「因果関係の単純明快すぎる説明」「論理の飛躍」「結果から逆行して原因を引き出す」「挙証責任の転嫁」という四つの点で特徴づける(呉座 2018)。

このうちで、とりわけ歴史的な出来事の説明において重要なポイントとなりうるのが「因果関係の単純明快すぎる説明」である。そもそも歴史的な事象が生じるには複数の要因があり、実際の歴史学者はそれを丁寧かつ丹念に炙《あぶ》り出していく作業を日々地道に行っている。しかしながら、それをひとつの要因に単純化してしまえば、そのような地道な作業なしでも、歴史の「なぜ」について答えることができてしまう。

たとえば、応仁の乱の原因について説明しようとすれば、将軍の後継者問題や細川氏と山名氏の権力争い、畠山氏の家督争い、斯波《しば》氏の家督争い、等々のさまざまな要因について詳細な検討を行う必要がある。しかし、日野富子が悪女で彼女がすべての黒幕だったことにすれば、応仁の乱におけるあらゆる事象がきわめて単純な因果関係で説明できてしまう（できたつもりになってしまう）。また、もうひとつの「論理の飛躍」についても、実際には乏しい状況証拠しかないのに、そこから憶測や想像によって「こうであったに違いない」と結論づけることで、本能寺の変はイエズス会が黒幕となって引き起こしたことにできてしまう。つまり、通常の歴史学者であれば証拠と結論のあいだにギャップがあると考え、それを論証によって埋めようとするところを、そのプロセスを省略することで、自らの結論を容易に導き出すことができてしまう（できたつもりになってしまう）のである。

もちろん、先ほどみたように歴史的事象が陰謀によって説明される場合も多々あるし、その説明が正しかったことも数多くあった。しかし、もしもそれらの陰謀論が単純な因果関係と論理の飛躍の帰結として提示されていたならば、正しい説明として受け入れられてはいなかったであろう。つまり、第3章でみた「論証の仕方」という観点から評価するならば、単純な因果関係や論理の飛躍を含んだ陰謀論の説明は他の歴史的な学説の説明よりも、論証の仕方に関して劣っているのである。したがって、このような特徴をもった陰謀論が他の学説より相対的に確からしいとみなす根拠は乏しく、それを信じることは不合理だといえるだろう。

心理学の陰謀論

続いて、心理学では陰謀論をどのように特徴づけているだろうか。先ほどコーディに批判された心理学者のブラザートンは、先に引用された論文とは別の著作のなかで、陰謀論を以下の六つの点で特徴づけている(Brotherton 2015)。

①答えられることのない問いである(暴露された陰謀は「陰謀」でなくなるのであり、陰謀は永遠に証明されず、暴露もされない)
②現われているものは何もない(公式発表のうちに真実はなく、その説明を受け入れない)
③すべてはコントロール下にある(陰謀を企てる者は非常に有能で、偶然の事象や計画に外

れているようにみえる事象もすべて彼らの計画通りの結果である)

④すべては悪しきものである(陰謀を企てる者は邪悪な存在であり、常に道徳的に悪しき意図をもっている)

⑤異常なものを探す(報道や公式発表における小さな異常や不整合を探し出して、それらを陰謀によって説明する)

⑥どちらの目が出ても勝ちになる(陰謀の証拠があればその証拠となり、証拠がなければそれは陰謀が隠されていることの証拠となる)

これらの基準を用いると、コーディたちが示した価値中立的な陰謀論と、しばしば批判的に取り上げられる陰謀論とを区別することができる。たとえば「9・11はアルカイダの犯行である」という説は陰謀によってある出来事を説明するものであり、確かにピグデンやコーディたちがいう意味での陰謀論となる。しかし、調査の結果アルカイダの陰謀であったことはすでに明らかにされているので①を満たさない。そのことはすでに報道され公式発表もされているので②も満たさない。それゆえ、上記の基準ではこの説は陰謀論とはいえない。

それに対して「9・11はアメリカ政府の自作自演だ」という説は、まだ証明されておらず、報道内容や公式発表とも異なるものである(①や②を満たす)。そしてこの説を唱える人は、9・

11に関連する出来事がすべてアメリカ政府の巧みなコントロール下で、世間を欺く悪しき意図をもって行われたと考えている(③や④を満たす)。さらにその陰謀のほころびは公式発表のわずかな矛盾によって露見しているか(⑤)、露見していないとすればそれは陰謀を企む者たちの情報コントロールが完璧であることの証拠となる(⑥)。したがって、9・11自作自演説は先ほどの陰謀論の基準をすべて満たしている。

ただし、ここでひとつ注意しておくべきことがある。先ほどみたピグデンやコーディの議論は、理論としての陰謀論の問題と陰謀論を信じる人の問題とを区別したうえで、理論としての陰謀論の問題に焦点を絞っていた。それに対して、ここでのブラザートンの議論は陰謀論を信じる人の問題に焦点を当てている。先ほどの六つの基準は陰謀論者がどのように考えるか、その傾向性、心理的な特徴をもとに与えられている。言い換えれば、「陰謀論とは何か」という問いに対して、信じられている理論の特徴によって答えるのではなく、ある特定の思考や認知の傾向性を具えた陰謀論者が信じているものを「陰謀論」として捉えていることになる。

このような心理学的な陰謀論の分析による利点のひとつは、**なぜわれわれが陰謀論を信じてしまうのか**を心理学的なプロセスによって説明できることにある。そして、そのプロセスが何ら特殊なものではなく、われわれが共通してもつ認知の傾向性とリンクしていることも明らかにできる。たとえば、われわれは偶然の一致を偶然で済まさずそこに意味を見出す傾向性をもち、偶然起こった出来事に何らかの意図を読み込む傾向性をもつ。あるいは、前章でみた確証バイアスや、起こった出来事が大きければ大きいほど、大きな原因を想定したくなる比例バイアス(たとえば、ケネディの暗殺などという大事件の原因が、たった一人の人間の動機に尽くされるはずがない)など、さまざまな心理的傾向性をわれわれはもっている。これらはすべて、陰謀論を受け入れやすく、そこから離れがたくする方向に働く。

このようなわれわれの心理的傾向性のうちには、生得的なものもあれば、習慣によって獲得・強化されてきたものもある。意識できるものもあれば、それが困難なものもあるだろう。それゆえ、自分の信じやすさをどこまで自分自身でコントロール可能なのかはわからない。しかし少なくとも、陰謀論に陥る心理的傾向性は多かれ少なかれ誰でももっているのだと自覚したうえで、自分がいま信じていることはもしかしたらそのような心理的メカニズムの結果なのではないかと疑ってみることで、自分の信念形成プロセスに対する最低限の知的自律性を確保することはできる。

カッサムによる批判

陰謀論の不合理性を主張し、コーディらに正面から反論を行っている哲学者もいる。その代表者がQ・カッサムである(Cassam 2019)。彼はまず、陰謀論をめぐる議論を整理するために小文字の陰謀論と大文字の陰謀論(Conspiracy Theories)の区別を提案する(以下、この大文字の陰謀論を傍線付きで表記することにする)。小文字の陰謀論は、コーディたちのいう価値中立的で、陰謀によって事象を説明する理論としての陰謀論を意味する。それに対して、カッサムが不合理だとみなす大文字の陰謀論は、思弁的(speculative)、逆張り(contrarian)、秘儀的(esoteric)、アマチュア的(amateurish)、前近代的(premodern)という五つの点で特徴づけられる。

思弁的とは、中心的事象よりも周辺的な事象に焦点を当てて、証拠にではなく推測に基づくことで、離れた点と点とを結びつけるような思弁的な説を展開することを指す。これは先にみた「論理の飛躍」に通じる特徴である。

また、真相が世間で言われていることとは違うと考えることが、**逆張り**である。ここにはみえているものと真実とが異なるという想定が潜んでおり、先ほどの「現われているものは何もない」と類似した特徴づけである。

さらに**秘儀的**とは、真相をめぐって思弁を続けることで壮大な陰謀論のストーリーが創作されていき、その秘められた膨大な真相について自分だけが知っているという魅力をもつことを意味する。

アマチュア的とは、たとえば「9・11におけるツインタワー(世界貿易センタービル)の崩壊は飛行機が衝突しただけでは起こりようはなく、誰かがビル内部で爆薬を仕込まなければ起こらなかった」と主張するのだが、飛行機やビルの構造についての専門的知識をもっているわけではないこと、などを指している。

最後の**前近代的**とは、ポパーやブラザートンの指摘にも通じる点であるが、世界で起こるすべての現象には理由がある(たとえば、神の意図との類比)、大きな事件にはそれに釣り合うような意味がある(たとえば、比例バイアス)などといった近代の科学的世界観以前の世界観を保持していることを意味する。

カッサムはこれらの特徴をもつ陰謀論が真である可能性は小さいと考える。証拠に依拠せず推測すること、現われていることを重視しないこと、自分が創作したストーリーに耽溺すること、問題の事例についての専門的な知識をもたないこと、前近代的な世界観に基づくこと、これらはすべて、導き出された結論が真でありそうにないと考える根拠を与えるものだからである。そして先にコーディ自身も認めていたように「真でありそうにないことを信じるのは不合理である」のであれば、真でありそうもない陰謀論を信じることは不合理であり、正当化されないことになる。

知識を失わせる

カッサムは以上の主張に加えて、コーディたちは陰謀論が現実に及ぼしてきた害を不当に軽視していると批判する。

陰謀論の第一の害は、**知識を失わせる**ことである。たとえば、ジョージさんがMMR(麻疹・風疹・おたふく風邪)ワクチンを子どもに接種するかどうかを迷っているとする。医者は十分に確立された研究結果に基づいて、ジョージさんにワクチンの有効性と安全性を説明した。第3章の議論を踏まえれば、ジョージさんは医者の証言に基づいて「MMRワクチンが有効で安全である」と信じる間接的な根拠をもつことになり、伝えられた内容についての知識を得た。

しかし陰謀論は、この知識を失わせてしまう。たとえば、ジョージさんが自宅に帰ってからインターネットで調べてみたところ、反ワクチンのウェブサイトにたどり着き、そこには「MMRワクチンが自閉症を引き起こす」と書かれており、根拠となる論文も紹介されていた。しかし、その論文を書いた医師ウェイクフィールドは、ワクチン製造企業を訴えている弁護士から金銭を受け取っており、証拠を捏造していたことが発覚している。そして、その論文はすでに査読誌から取り下げられており、彼の医師免許も剝奪されている。しかしジョージさんは、それらの情報はむしろ巨大製薬会社と政府が共謀してワクチンの危険性についての真実を隠すために捏造したものだとする陰謀論を信じ込んでいる。その結果、ジョージさんはMMRワクチンの有効性と安全性を信じることができなくなり、自分が「MMRワクチンが有効で安全である」と知っているとはいえなくなっている。そしてこの知識の喪失によって、もしもその知識があれば行っていたであろうワクチン接種を行わず、ジョージさんの子どもや家族が病気に罹りやすくなるといった実際の被害が生じる(もちろん、陰謀論者からすれば「MMRワクチンが有効で安全である」は事実ではないので、ジョージさんは最初からそのような知識をもっていなかったことになるのだろうが)。

政治的プロパガンダ

陰謀論の第二の害は、**政治的な害**である。陰謀論はしばしば、反ユダヤ主義などの過激な人種差別的イデオロギーと結びつく。もちろん、陰謀論がすべてそのような人種差別的なものであるわけではない。しかし、たとえばナチスはユダヤ人を迫害するために、偽書である『シオン賢者の議定書』を利用して、ユダヤ人が世界を陰で操っているというプロパガンダを行った。これは差別的なイデオロギーが陰謀論と結びついていた典型例であり、歴史的にはしばしば陰謀論を用いた差別的なイデオロギーの喧伝が行われてきた。そして、それは決して過去の歴史的な出来事なのではない。現在でも陰謀論は、排外主義的な政治的主張と結びつく場合がある。たとえば、海外からの移民の流入に反対している人たちのなかには「〇〇人たちが大挙して入国してきているのは、わが国の人口構造を変化させ、わが国を乗っ取る計画を立てているからだ」と主張する人がいる。ここでの陰謀論は、政治的なプロパガンダの一種として機能しており、ときにそれを信じる人たちをコントロールの効かない過激な行動へと駆り立てる。

もちろんコーディたちは、陰謀論がこれらの害をもたらしてきた事実を認めたうえで、それは陰謀論一般の問題ではなく、個々の陰謀論の問題だと反論するだろう。そのうえで、政府や企業が陰謀を企んでいる可能性について調査し、追及することは、その陰謀を暴き是正させるために必要なことだと言うかもしれない。しかし、カッサムが特徴づけたような陰謀論は単にある陰謀を想定して説明する理論とは区別できるし、そのような陰謀論を信じることなく、これまで政府や企業によって企てられてきた現実の陰謀の歴史的な説明を信じることはできる。この点で陰謀論を信じることなく、政府や企業を糾弾し、その陰謀を暴こうとすることはまったく可能である。

反証不可能性

それでは、陰謀論を信じる人たちの考えを変えることはできるのだろうか。いや、おそらくそれは相当難しい。その理由のひとつは、カッサムが陰謀論の六つめの特徴として追加する「自己封鎖性(self-sealing)」にある。たとえば、9・11自作自演説を信じる人たちが、「飛行機の衝突だけではツインタワーを崩壊させることは物理的に不可能だ(だから内部で細工がされていたのだ)」と考えているとする。ここで仮にこの考えを取り除こうと政府が正式にそれを否定する発表を行ったとしても、それは嘲《あざけ》りの対象となる。さらに悪いことに、その発表は新たな隠蔽が行われた証拠とみなされることになり、彼らの考えがより強化される逆噴射効果(backfire effect)をもたらすことになる。このように、陰謀論者はどんな証拠を持ち出されても、それを陰謀の一部とみなして自分の殻のなかに閉じこもってしまう自己封鎖性をもっており、それゆえ陰謀論は反証不可能なものとなる。

よく知られているように、ポパーはある理論が科学的であるといえるための基準として、その理論が反証可能であることを挙げた。たとえば、世界で起こる事象はすべて超自然的な存在者によってコントロールされているという理論は、どんな証拠を持ち出しても反証することはできないだろう。それに対して、コーディたちのいう陰謀論はそのような超自然的な説明を含んでいるわけではないので、一見すると確かに反証可能なようにみえる。しかし、その理論のなかに「陰謀の首謀者によって絶え間ない隠蔽工作が行われている」という説明が追加されると、すべての証拠に対してこの説明が適用されて、どんな証拠もその証拠能力を剝奪されることになる。コーディたちは陰謀論を科学理論と類似の理論として扱うことを要求するが、陰謀論の説明体系のなかにこのような反証不可能性を生み出す説明が含まれているのであれば、その説明体系を科学理論と同等の「理論」と呼ぶことはできないだろう。

しかし、陰謀論が反証不可能となるのは、必ずしもこのような理論内在的な理由だけによるのではない。陰謀論を信じると、その人を取り囲む人々との関係性が組み替えられていき、反証可能性が排除されるような社会的環境がつくりだされていくことになる。

そのメカニズムがどのようなものであるかを、バウアマンらによる**一次的意見と二次的意見の区別**をもとにみてみよう(Baurmann & Cohnitz 2018)。われわれの意見形成のうちには、ある分野の事柄についての一次的意見と、その事柄について発言している人物がどのくらい認識的に信頼できるかに関する二次的意見がある。本書でみてきたように、われわれは通常自分の親しい家族や友人の証言、あるいは、専門家やマスメディアの伝えていることが信頼できるという二次的意見をもっている。しかし、陰謀論はこの二次的意見を変化させることで、われわれの認識的な信頼関係を破壊していく。

たとえば、「ある製薬会社がユダヤ人組織とつながっていて、ワクチンを使って人口を減少させようとしている」という主張を私が信じるに至ったとする。私がいったんこの一次的意見を受け入れると、その意見を共有しない人々の認識能力を信頼できなくなり、その人々に対する二次的意見も変化することになる。これまで私は家族や友人の認識能力に信頼を置いていたのだが、どうやら彼ら彼女らはこの「知識」(一次的意見)をもっていないようだし、自分がそれを伝えても頑なに否定する。自分の知っていることを知らないし、知ろうともしないのだから、彼ら彼女らの認識能力は低く見積もらざるをえないし、その証言に割り当てられていた信頼度も以前より引き下げられる必要がある。それに対して、製薬会社の計画について自分と同じことを信じているネット上のグループに対しては新たな信頼が生まれ、こちらの人々のほうが信頼できるという二次的意見が形成されていく。その結果、次に私が意見を形成する場面では、ネット上の新たな仲間の影響力が増大し、リアル社会の古い知り合いの影響力は減少することになる。

そしてこの二次的意見の変化は、私の新たな一次的意見の形成に影響を与えていく。たとえば、信頼できる新たな仲間が教えてくれたネット上のインフルエンサーが、陰謀は特定の製薬会社だけでなく製薬業界全般や政治家にまで及んでいると言っている。この新たな証言を信じることによって、私の陰謀についての「知識」はより体系的なものとなっていき、陰謀論に対する私の確信もまた強化されていくことになる。ここで、本来ならば私の信念を訂正し、陰謀論の拡張を阻止すべき情報源は、多くの場合その機能を果たすことができない。それは、この新たな一次的意見が、また二次的な意見へ感染していくからである。自分の家族や友人は、これほど多くの「事実」についてほとんど知らないし、いまだにそれが偽であると誤って信じている（と私は思っている）。したがって、これほどまでの体系的な誤りに陥っている彼ら彼女らの認識的な信頼性はさらに大幅に引き下げられる。同様に、それまで比較的信頼を置いていた政府の発表も、マスメディアの報道も、専門家の発言も、私の知っている多くの「真実」を何ひとつ伝えていないがゆえに、軒並み認識的な信頼性が引き下げられることになる。陰謀論の脅威は、まさにこの悪循環のスパイラルにある。それは単にある特定の偽なる信念をもたらすだけでなく、陰謀論を正しい「知識」とみなす人々の認識を信頼するようになり、そうでない人の信頼度が下がり、その信頼度に基づいて新たな「知識」が獲得されていく……という真理から遠ざかる螺旋運動をもたらすのである。

このような認識的な信頼関係の根本的な配置転換を行った人たちとそうではない人たちとのあいだには、「何を真であるとみなすのか」の分断(真理の分断)だけでなく「何を認識の基礎とみなすのか」の分断(正当化の分断)が生じる。このことは、本書でみてきたような社会のなかで知識を基礎づける構造を共有不可能なものにし、われわれの知識の土台を根こそぎ掘り崩すことになる。この意味で、やはり陰謀論はわれわれの社会にとって深刻な脅威となりうるものである。

三つの対処法

それでは、われわれは陰謀論にどのように対処すればよいのだろうか。C・サンスティーンは、主要な陰謀論に対して政府が「認知的潜入(cognitive infiltration)」を試みることを提案している(Sunstein 2014)。それは、政府の委託を受けたエージェントがときに匿名で、ときに実名で、陰謀論について論じ合っているインターネットのチャットルームやＳＮＳ、現実の議論の場に潜り込み、陰謀論の前提や因果的な論証について疑いを投げかけることで、陰謀論の前提を掘り崩し、弱体化させる試みである。

しかしこの提案は、政府による一種の情報統制を認める点で問題があるように思われるし、これまでみてきたような自己封鎖的な状態にある陰謀論の信奉者に対してどこまで有効かもわからない。そこで、カッサムはサンスティーンとは異なる観点からの対処法を提案する。

一つめの対処法は、**反駁**することである。たとえば、ケネディ大統領暗殺についての陰謀論では、一発の銃弾でケネディとコナリー知事の両方を負傷させることはできないという前提が共有されている。しかし、それを否定する証拠はジャーナリストの著作で明確に示されている(Posner 1993)。あるいは、ホロコーストは存在しなかったという陰謀論において、ヒトラーがユダヤ人排斥を命令した証拠が存在しないと主張されることがある。だが、これは歴史学者の著作で検証されたうえで、明確に否定されている(Evans 2001)。しかし、多くの陰謀論者はこれらの大部の本を読まず、ほとんどの情報をインターネット上のＳＮＳやブログや私的なコミュニケーションを通じて入手している。

したがってわれわれにまずできることは、ネットメディアを含めたあらゆるメディアで、誤った陰謀論に反駁するための証拠をできるだけたくさん提示し続けることである。先ほどみたように、これはすでに陰謀論を信じている人にとっての治療とはならないかもしれない。しかし、これから陰謀論に興味をもってアクセスしてくる人に対する予防にはなる。陰謀論に感染してしまった人を治療するのが難しいのであれば、いかに感染を防ぎ、拡大を防ぐのか、情報の予防医学的な観点からの予防措置を考えていく必要がある。

二つめの対処法は、**暴露**である。先にみたように陰謀論はしばしば特定の政治的意図のもとでプロパガンダの役割を果たす。したがって、まずはこのことの理解を促すとともに、その根底にどのような政治的思想が潜んでおり、その陰謀論によって何を達成しようとしているのか、等々を明らかにする必要がある。そしてそこに排外主義的な思想や差別主義的な思想がある場合には、その思想を批判することが必要となる。そのために、ときにはその思想の反対側に位置する政治的思想(たとえば、反差別主義)の正当性についての理解を促す必要もある。

三つめの対処法は、**教育**である。ただここで考えられているのは、通常の情報教育のようなものではなく、本書でたびたび言及してきた、より根本的な知的な徳の教育である。カッサムは陰謀論に対抗するために有効な徳として、開かれた心(open-mindedness)、批判的な思考(critical thinking)、証拠に対するリスペクトなどを挙げている。

開かれた心は、相手の意見やその根拠にきちんと耳を傾け、その批判を受け入れることのできる性格特性を指す。それゆえ、陰謀論者が他人からの批判に耳を傾けなかったり、都合のよい証拠だけを集め、それ以外の証拠を無視したりするような場合には、開かれた心ではなく、閉じられた心という悪徳をもっていることになる。そして、それは批判的な思考や、証拠に対するリスペクトといった徳が欠如している状態でもある。

しかし、実のところ開かれた心は陰謀論を信じるほうへと働く可能性もある。つまり、われわれが常識だと思っていることを否定する陰謀論者の主張に耳を傾け、相手の挙げる証拠に対するリスペクトをもつ開かれた心の持ち主は、むしろ陰謀論を受け入れやすくなる。そうだとすると、陰謀論を信じる人は開かれた心をもたないのではなく、開かれた心をもちすぎているとみなすこともできる。このように陰謀論者の振舞いを単純に悪徳の現われとして切って捨てられないところに、この問題の本当の難しさがある。

この困難に対処するひとつの方向性として考えられるのは、それぞれの徳を切り離して教えるのではなく、「徳の統一」を教育の目標とすることである(Annas 2011)。開かれた心は、批判的な思考や、証拠に対するリスペクトと連関しているだけでなく、本書でみてきた知的な真摯さ、勇気、謙虚さ、知的に公平な心などと相互に連関し合っている。したがって、知的に有徳な人と呼べるためには、これらの徳を統一した仕方で発揮する必要がある。たとえば、本当の意味で開かれた心を発揮するためには、自分は証拠に真摯に向き合い、それを公平に取り扱っているか、無謀な過信に陥っていないか、自分の知的限界を見極められているか、等々を個別の状況ごとに判断しながら、相手の意見を受け入れるべきかどうかを判断しなければならない。おそらく、陰謀論に対抗するためには、個々の徳を習得するだけでなく、それらを統合して発揮できる人になることを目指す全人的な徳の教育が必要となる。

終 章　真偽への関心は失われていくのか

本書では、他人の証言、うわさ、専門家、マスメディア、陰謀論を題材に、われわれの知識の生成・伝達・検証が社会のなかでどのように行われ、それがインターネットの登場を通じてどのように変化したのかを哲学的な観点から考察してみた。そしてその考察を通じて、「真理を多く、誤りを少なく」という認識目標や、「真なることを伝えるべし」「真偽を吟味すべし」といった認識的規範が機能しなくなるさまざまな状況をみてきた。

このような機能不全が起こるケースとしては、認識的な規範や目標は重要だと思っていても、その場その場で他の規範や目標が優先される場合が考えられる。たとえば、本当は正しいことを伝えるべきだと思っていても、それだとネット上でみんなに注目されないと思い、虚偽の情報やミスリードな情報を発信してしまう場合などはそれにあたる。もうひとつのケースは、そもそも認識的な規範や目標が重要だとみなされておらず、気にもとめられていない場合である。

われわれは序章で、フェイクニュースのなかには真実でないことを相手に信じ込ませようとする嘘とは別に、そもそも情報の真偽に無関心なでたらめが数多く含まれていることをみてきた。前章の陰謀論に関しても、その正しさを何らかのかたちで証拠立てようとしているあいだは、まだ真偽に関心をもっているといえる。しかしその壮大な物語がもつ秘儀的な魅力に取りつかれて、あるいは自分の政治的な動機に突き動かされて、あるいは日々抱えるさまざまな感情に突き動かされて、最終的には陰謀論の真偽などどうでもよくなっていくことは考えられる。『オックスフォード英語大辞典』が二〇一六年度の言葉として「ポスト真実（post-truth）」を選んだ際に、この言葉は「客観的事実が、感情や個人の信念への訴えかけより影響力をもたない状況」を指すものとされていた。つまり、この意味でのポスト真実の社会では、真実（事実）は一番の影響力ではないにしても、まだ影響力はもっていることになる。しかしこのまま真偽への無関心が社会のなかで広がっていけば、「真実など二の次だ」というポスト真実の社会のさらに向こう側の「真実などどこかへ行ってしまった」というロスト真実（lost-truth）の社会（真実が何の影響力ももたない社会）が待っているのかもしれない。

このような真偽への無関心は、ネットリテラシーを教育する場面でも問題となりうる。たとえば、フェイクニュースに対抗するためにはクリティカルシンキング（批判的思考）が必要だという言説はよくみられる。そして、確かに相手の論証の構造をきちんと捉えたうえで、その論証の破綻をみてとり、適切な批判や反論を行うことができる能力は、さまざまな誤謬推論に騙されないために必要不可欠な能力ではある。しかし、クリティカルシンキングはときにフェイクニュースや陰謀論を促進する側にも働きうる。

たとえば、少し前にインターネットを中心に「論破」という言葉が流行《はや》り、相手を論破したと称する動画が人気を博し、誰が誰を論破したかという点に多くの人の関心が向けられていた。そこでは確かに単なる詭弁のテクニックが駆使されているだけの場合も多いのではあるが、形式的には正しいクリティカルシンキングの手法を用いた反論が行われている場合もある。しかしここで重要なのは、クリティカルシンキングを行う目的である。「論破」を目指す人たちは、しばしば枝葉末節の部分での細かい論証の不備をあげつらうことに夢中になり、本当のところ何が正しいのか(真理)には関心がない。このように、相手を言い負かすこと、あるいは、周囲の人間にそう思わせることだけを目的にクリティカルシンキングを用いているのであれば、その行為は知的な徳としての批判的思考の発露ではない。なぜならその行為は、自らの欲求を満たすことや、他人からの賞賛や承認を得ることに動機づけられており、認識的によいもの、すなわち、真理の探究に動機づけられてはいないからである。そもそも本当に真理の探究を目指しているのであれば、自分にとっての議論の相手は、「論破」して打ち負かすべき対戦者なのではなく、同じ探究の道をともに歩んでいく協力者となるはずである。

もうひとつ例を挙げよう。相手に反論する場合に隠れた前提に対して疑いを投げかけることは、ときに有効な批判となる。たとえば、「花輪さんはいつも私の宿題を手伝ってくれるから優しい」という主張に対して、「いつも手伝うことは本当の優しさなのか」と疑いを投げかけることで、議論の土台を根底から問い直すことができる。そしてそのような根本的な懐疑をもっとも得意とするのは哲学だとされてきた。しかし、陰謀論者や科学否定論者はまさにこのような根本的な懐疑をわれわれが依拠している常識や専門的な知見に対して向け、「そもそもそれらは本当に正しいといえるのか」と疑いを投げかける。この意味で、陰謀論者や科学否定論者は懐疑的精神という徳を発揮しているかのようにみえる。しかし、やはり彼ら彼女らが発揮しているのは本来の懐疑的精神とは異なる。

古代ギリシアのピュロンが唱えた懐疑主義は、真理を発見したと断じる独断主義(ドグマティズム)に反対しただけでなく、真理を把握することは不可能だと断じるアカデメイア派の懐疑主義(不可知論)にも反対した(セクストス・エンペイリコス 1998)。モンテーニュはこれを踏まえて、真理を「見つけた」と言う者(独断論)、「見つからない」と言う者(不可知論)のどちらにも反対し、「まだ探している」と言う者が懐疑主義だとしている(モンテーニュ 1966)。つまり、ピュロン流の懐疑主義が唱えたのは、あることの知識をもっているとも、もっていないともいえない以上、考察や探究(スケプシス)を止めずにどこまでも続けていく必要があるということだった。この意味で、常識を疑う過程で検索によってたどり着いたネット上の「真実」に安んじてしまう態度は、本来の意味での懐疑的精神を体現しているとはいえない。そこからさらに、自分が手に入れた「真実」の妥当性に疑いを投げかけていく必要がある。そしてその探究の継続を支えるのは、真理を気にかける態度であり、知(sophia)を愛する(philein)態度である。

しかし、このような真理への探究には時間が必要である。大量の情報に素早くアクセスすることを可能にしたインターネットは、情報収集にかかる時間を節約することでわれわれの考える時間を増やしてくれるのかと思いきや、むしろ一つひとつの情報とじっくり向き合う時間をわれわれから奪っている。スマホを開けばいつでも最新の情報を手に入れることができるが、その情報がいったい何を意味するのか、本当に正しいものなのかを考える前に、目の前の画面はすぐに新たな情報へと切り替わってしまう。矢継ぎ早に追加されていくSNSでのコメントに急き立てられて、その情報の理解も不十分なまま、その情報の真偽も明らかでないまま、何らかのリアクションを迫られてしまう。このように、情報が次々に更新され、絶えず判断を急かされるなかで、われわれは事柄の真偽について考える余裕そのものを失いつつある。

ここでおすすめしたいのは、急ぎすぎないことである。ウィトゲンシュタインは、哲学者同士の挨拶は「どうぞ、ごゆっくり(Laß Dir Zeit!, Take your time!)」であるべきだと述べている(Wittgenstein 1998)。われわれは話し合いをしていても、つい結論を急ぎたくなり、何かの問題について考えていても、すぐに答えを知りたくなってしまう。しかし、そのような姿勢は哲学からもっとも遠いところにある。自分の手に入れた回答が「正しい」という思い込みをいったん取り去ることで、その回答の根拠は本当に妥当なのか、何か見落としている観点があったり、別の考え方ができたりするのではないかと吟味する余地が生じ、自分の考えをさらに先へと進めていくことができる。インターネットを通じて与えられた情報や意見に対しても、同様である。それらをすぐに結論や答えとして受け入れてしまうのでもなく、さりとてすぐに拒絶するのでもなく、真偽の判断をいったん留保してみることで、腰を落ち着けてその情報と向き合い、妥当性や信頼性を吟味する余地が生まれてくることになる。

本書では、その吟味のためのさまざまな観点を提案してみた。しかしもちろん、それらの観点が本当に妥当なものか、もっと別の観点があるのではないかと疑い、フェイクニュースに対する探究をさらに先へと進めていくことはできる。本書を読み終えた皆さんには、同じ探究の道をともに歩んでいく協力者として、ぜひゆっくりと、じっくりと、それぞれの探究の歩みを進めていっていただきたい。

あとがき

私は小学生のころパソコン少年だった。ただ当時のネットワークはまだインターネットではなく「パソコン通信」と呼ばれていて、ぴーがーぴーがー音をたてながらアナログな電話線を使って個々人でやりとりをしていた。それからしばらくして登場したインターネットは、輝かしい未来への希望を私に抱かせた。しかし、そのころ私が夢見ていた未来と現在のネット状況とのあいだには大きなギャップがある。今回考察のテーマにフェイクニュースを選んだ根底には、「なにがどうしてこうなってしまったのか?」という私自身の積年の疑問があった。もちろん本書でその疑問が解消されたとはとても言い切れないのだが、少なくとも問題の輪郭を浮かび上がらせることくらいはできたのではないかと思っている。

ここで本書では深掘りできなかった内容をもっと知りたいという読者のために、おすすめの文献をいくつか紹介しておきたい。

本書では理解しやすさを重視して、現代認識論の厳密な用語法に拘《こだわ》ることはせず、知識や正当化の条件といった王道の議論に詳しく踏み込むこともしなかった。本書で扱った話題も含めて現代の認識論がどのような問題を扱っているかに関しては、以下の本が恰好の入門書となる。

ダンカン・プリチャード『知識とは何だろうか――認識論入門』（笠木雅史訳、勁草書房、二〇二二年）

上枝美典『現代認識論入門――ゲティア問題から徳認識論まで』（勁草書房、二〇二〇年）

本書で紹介した社会認識論が何を目指して始まったのかについては、以下の本が詳しい。

伊勢田哲治『認識論を社会化する』（名古屋大学出版会、二〇〇四年）

本書でたびたび登場した知的徳と教育との関係についてもっと知りたい方は、以下の本が古今東西の徳を含めて広範な話題を扱っている。

立花幸司編著『徳の教育と哲学――理論から実践、そして応用まで』（東洋館出版社、二〇二三年）

本書では私の力量不足もあって、残念ながら言語哲学的観点からの分析を十分に深めることができなかった。フェイクな言説やヘイトスピーチなどをめぐる言語哲学的な問題や倫理的な論点についてもっと知りたい方は、以下の本が最良の道しるべになる。

ハーマン・カペレン、ジョシュ・ディーバー『バッド・ランゲージ——悪い言葉の哲学入門』(葛谷潤・杉本英太・仲宗根勝仁・中根杏樹・藤川直也訳、勁草書房、二〇二二年)

和泉悠『悪い言語哲学入門』(ちくま新書、二〇二二年)

陰謀論についても本書では認識論的な観点からしか考察できていないが、言語哲学的観点からの考察も重要である。これについては、以下の二つの論文をおすすめしたい。

三木那由他「陰謀論はコミュニケーションに何をもたらすのか」(『現代思想』二〇二一年五月号〈特集「陰謀論」の時代〉、青土社、一九二—二〇一ページ)

朱喜哲「陰謀論の合理性を分節化する」(同書、二〇二—二一二ページ)

また本書では感情のネガティブな側面ばかりを強調したが、感情が認識にとってポジティブな役割を果たしている点については、以下を参照されたい。

源河亨『感情の哲学入門講義』（慶應義塾大学出版会、二〇二一年）

信原幸弘『「覚える」と「わかる」――知の仕組みとその可能性』（ちくまプリマー新書、二〇二二年）

本書は千葉大学で行った二回の講義資料をもとに書かれており、学生たちから授業中に出してもらった意見やコメントには（昨今のネット事情も含めて）とても多くのことを教えられた。とりわけ、彼ら彼女らが率直な本音を吐露してくれたおかげで、それらの疑問や反論に対してどのように答えられるのかを常に意識しながら本書を書くことができた。この場を借りて、感謝の言葉を述べさせていただきたい。

現代認識論とフェイクニュースとを結びつけて考えるきっかけは、六年ほど前に笠木雅史さんが「これ面白いですよ」と紹介してくれたD・コーディの著作を読んだことだった。そこから私の関心はいろいろな方向へと広がっていったが、とくに立花幸司さん主宰の教育哲学研究会に参加したことと、中学校の国語教科書で情報の信頼性についての項目を執筆したことで、本書に知的な徳という観点と実践的なチェックポイントという観点が加わることになった。

原稿を執筆しながら疑問が生じたところに関しては、井頭昌彦さん、二瓶真理子さん、佐藤邦政さんにそれぞれの該当箇所を見てもらって、適切かつ的確なコメントをいただいた。また、原稿全体の読みやすさに関しては、千葉大学大学院生の谷川綜太郎さんにチェックしていただいた。それぞれ、深く感謝申し上げたい。

本書は四年以上前に一度脱稿しておきながら、なかなか本の骨格を定めることができず、ここまで刊行が延びてしまった。そのあいだ、忍耐強く待ちながら、本の方向性や新書の書き方などについてもさまざまなアドバイスをくださった岩波書店の松本佳代子さんには感謝の言葉しかない。

最後に、原稿が書きあがるたびに最初の読者になってくれて、その都度どう直したらよいか一緒にあれこれ頭を悩ませてくれた妻の香乃に最大限のお礼を言いたい。そして、一緒に遊びたいのに執筆作業が終わるのをいつも頑張って待っていてくれた娘にも感謝を記しておきたい。

二〇二四年八月

山田圭一

参考文献

本書にはS. Berneckerらによって2021年に刊行された *The Epistemology of Fake News* に収録されている論文が多く登場するため，同書は *EFN* と略記する．

Allport, G. W. and Postman, L.(1947). *The Psychology of Rumor*, Henry Holt. / G. W. オルポート，L. ポストマン『デマの心理学』南博訳，岩波書店，1952 年.

Alston, W.(2005). *Beyond Justification*, Cornell University Press.

Annas, J.(2011). *Intelligent Virtue*, Oxford University Press. / ジュリア・アナス『徳は知なり——幸福に生きるための倫理学』相澤康隆訳，春秋社，2019 年.

Basham, L.(2001). “Living with the Conspiracy,” *The Philosophical Forum*, 32(3), 265–280.

Baurmann, M. and Cohnitz, D.(2021). “Trust No One? The (Social) Epistemological Consequences of Belief in Conspiracy Theories,” in *EFN*, 334–358.

Bernecker, S.(2021). “An Epistemic Defense of News Abstinence,” in *EFN*, 286–309.

Bernecker, S., Flowerree, A., and Grundmann, T.(eds.)(2021). *The Epistemology of Fake News*(*EFN* と略記), Oxford University Press.

Brotherton, R.(2015). *Suspicious Minds: Why We Believe Conspiracy Theories*, Bloomsbury Sigma. / ロブ・ブラザートン『賢い人ほど騙される——心と脳に仕掛けられた「落とし穴」のすべて』中村千波訳，ダイヤモンド社，2020 年.

Brotherton, R. and French, C. C.(2014). “Belief in Conspiracy Theories and Susceptibility to the Conjunction Fallacy,” *Applied Cognitive Psychology*, 28(2), 238–248.

Cassam, Q.(2019). *Conspiracy Theories*, Polity Press.

Clark, S.(2002). “Conspiracy Theories and Conspiracy Theorizing,” *Philosophy of the Social Sciences*, 32(2), 131–150.

Coady, C. A. J.(1973). “Testimony and Observation,” *American Philosophical Quarterly*, 10, 149–155.

Coady, D.(2012). *What to Believe Now: Applying Epistemology to Contem-*

porary Issues, Wiley-Blackwell.

Coady, D. (2018). "Psychology and Conspiracy Theories," in D. Coady and J. Chase (eds.), *The Routledge Handbook of Applied Epistemology*, Routledge, 166–175.

Coady, D. (2021). "The Fake News about Fake News," in *EFN*, 68–81.

Dentith, M. R. X. and Keeley, B. L. (2018). "The Applied Epistemology of Conspiracy Theories," in D. Coady and J. Chase (eds.), *The Routledge Handbook of Applied Epistemology*, Routledge, 284–294.

Evans, R. (2001). *Lying About Hitler: History, the Holocaust, and the David Irving Trial*, Basic Books.

Frankfurt, H. G. (2005). *On Bullshit*, Princeton University Press. / ハリー・G. フランクファート『ウンコな議論』山形浩生訳，ちくま学芸文庫，2016 年.

Fricker, E. (1994). "Against Gullibility," in B. K. Matilal and A. Chakrabarti (eds.), *Knowing from Words*, Kluwer Academic Publishers, 125–161.

Fricker, E. (1995). "Telling and Trusting: Reductionism and Anti-Reductionism in the Epistemology of Testimony," *Mind*, 104 (414), 393–411.

Fricker, M. (2007). *Epistemic Injustice: Power and the Ethics of Knowing*, Oxford University Press. / ミランダ・フリッカー『認識的不正義』佐藤邦政監訳，飯塚理恵訳，勁草書房，2023 年.

Friedberg, M., Saffran, B., Stinson, T. J., Nelson, W., and Bennett, C. L. (1999). "Evaluation of Conflict of Interest in Economic Analyses of New Drugs Used in Oncology," *Journal of the American Medical Association*, 282, 1453–1457.

Frost-Arnold, K. (2023). *Who Should We Be Online?: A Social Epistemology for the Internet*, Oxford University Press.

Goldberg, S. (2013). "Epistemic Dependence in Testimonial Belief, in the Classroom and Beyond," in B. Kotzee (ed.), *Education and the Growth of Knowledge*, Wiley-Blackwell.

Goldberg, S. and Henderson, D. (2005). "Monitoring and Anti-Reductionism in the Epistemology of Testimony," *Philosophy and Phenomenological Research*, 72, 600–617.

Goldman, A. (1987). "Foundations of Social Epistemics," *Synthese*, 73 (1), 109–144.

Goldman. A. (2001). "Experts: Which Ones Should You Trust?," *Philosophy and Phenomenological Research*, 63 (1), 85–110.
Goldman, A. (2008). "The Social Epistemology of Blogging," in J. van den Joven and J. Weckert (eds.), *Information Technology and Moral Philosophy*, Cambridge University Press, 111–122.
Hardwig, J. (1991). "The Role of Trust in Knowledge," *The Journal of Philosophy*, 88 (12), 693–708.
Jaster, R. and Lanius, D. (2021). "Speaking of Fake News Definitions and Dimensions," in *EFN*, 19–45.
Kvanvig, J. (2003). *The Value of Knowledge and the Pursuit of Understanding*, Cambridge University Press.
Lackey, J. (2021). "Echo Chambers, Fake News, and Social Epistemology," in *EFN*, 206–227.
Latour, B. and Woolgar, S. (1986). *Laboratory Life: The Construction of Scientific Facts*, second edition, Princeton University Press.
Longino, H. E. (2002). *The Fate of Knowledge*, Princeton University Press.
Lynch, M. P. (2004). *True to Life: Why Truth Matters*, MIT Press.
Moran, R. (2006). "Getting Told and Being Believed," in L. Jennifer and E. Sosa (eds.), *The Epistemology of Testimony*, Oxford University Press, 272–306.
Napolitano, M. G. (2021). "Conspiracy Theories and Evidential Self-Insulation," in *EFN*, 82–105.
Nichols, T. M. (2017). *The Death of Expertise: The Campaign Against Established Knowledge and Why it Matters*, Oxford University Press. / トム・ニコルズ『専門知は，もういらないのか――無知礼賛と民主主義』高里ひろ訳，みすず書房，2019 年.
Parfit, D. (1986). *Reasons and Persons*, Oxford University Press. / デレク・パーフィット『理由と人格――非人格性の倫理へ』森村進訳，勁草書房，1998 年.
Pariser, E. (2012). *Filter Bubble: How the New Personalized Web Is Changing What We Read and How We Think*, Penguin Books. / イーライ・パリサー『フィルターバブル――インターネットが隠していること』井口耕二訳，早川書房，2016 年.
Paul, R. W. and Elder, L. (2002). *Critical Thinking: Tools for Taking Charge of Your Professional and Personal Life*, FT Press. / リチャード・ポール，リンダ・エルダー『クリティカル・シンキング――

「思考」と「行動」を高める基礎講座』村田美子訳，東洋経済新報社，2003 年.

Pigden, C. (1995). "Popper Revisited, or What is Wrong with Conspiracy Theories?," *Philosophy of the Social Sciences*, 25 (1), 3–34.

Popper, K. (1972). *Conjectures and Refutations*, Routledge. / カール・ポパー『推測と反駁——科学的知識の発展』藤本隆志・石垣壽郎・森博訳，法政大学出版局，1980 年.

Posner, A. (1993). *Case Closed: Lee Harvey Oswald and the Assassination of JFK*, Warner Books.

Posner, A. (2005). "Bad News," *N.Y. Times*, July 31.

Priest, M. (2021). "How Vice Can Motivate Distrust in Elites and Trust in Fake News," in *EFN*, 180–205.

Rini, R. (2017). "Fake News and Partisan Epistemology," *Kennedy Institute of Ethics Journal*, 27 (2), 43–64.

Rosnow, R. L. (1991). "Inside Rumor: A Personal Journey," *American Psychologist*, 46 (5), 484–496.

Shibutani, T. (1966). *Improvised News: A Sociological Study of Rumor*, Irvington Publishing.

Solomon, R. C. (1976). *The Passions: The Myth and Nature of Human Emotion*, Anchor Press.

Sunstein, C. R. (2014). *Conspiracy Theories and Other Dangerous Ideas*, Simon and Schuster.

Sunstein, C. R. (2015). *Choosing Not to Choose: Understanding the Value of Choice*, Oxford University Press. / キャス・サンスティーン『選択しないという選択——ビッグデータで変わる「自由」のかたち』伊達尚美訳，勁草書房，2017 年.

Whitcomb, D., Battaly, H., Baehr, J., and Howard-Synder, D. (2017). "Intellectual Humility: Owning Our Limitations," *Philosophy and Phenomenological Research*, 94 (3), 509–539.

Wittgenstein, L. (1969). *On Certainty*, G. E. M. Anscombe and G. H. von Wright (eds.), D. Paul and G. E. M. Anscombe (trs.), Basil Blackwell. /『確実性の問題』〈ウィトゲンシュタイン全集 9〉，黒田亘訳，大修館書店，1975 年.

Wittgenstein, L. (1998). *Culture and Value*, revised 2nd ed., G. H. von Wright (ed.), P. Winch (tr.), Blackwell. / ルートヴィヒ・ウィトゲンシュタイン『反哲学的断章——文化と価値』丘沢静也訳，青土

社，1999 年.
Wittgenstein, L.(2009). *Philosophical Investigations*, revised 4th ed., P. M. S. Hacker and J. Schulte(eds.), Wiley-Blackwell. / ルートヴィヒ・ウィトゲンシュタイン『哲学探究』鬼界彰夫訳，講談社，2020 年.
Wright, S.(2021). “The Virtue of Epistemic Trustworthiness and Re-Posting on Social Media,” in *EFN*, 245–264.
Wylie, A.(2003). “Why Standpoint Matters,” in R. Figueroa and S. G. Harding(eds.), *Science and Other Cultures: Issues in Philosophies of Science and Technology*, Routledge, 26–48.

伊勢田哲治(2005)「専門職の倫理と技術者」新田孝彦・蔵田伸雄・石原孝二編『科学技術倫理を学ぶ人のために』世界思想社，47–64.
一田和樹(2018)『フェイクニュース 新しい戦略的戦争兵器』角川新書.
カント，イマヌエル(1974)『啓蒙とは何か』篠田英雄訳，岩波文庫.
呉座勇一(2018)『陰謀の日本中世史』角川新書.
セクストス・エンペイリコス(1998)『ピュロン主義哲学の概要』金山弥平・金山万里子訳，京都大学学術出版会.
デカルト，ルネ(2006)『省察』山田弘明訳，ちくま学芸文庫.
二瓶真理子(2021)「科学における多様性に関するフェミニスト科学哲学の主張――平等主義的多様性と規範的多様性」『モラリア』28 号，81–99.
野家啓一(2015)『科学哲学への招待』ちくま学芸文庫.
ヒューム，デイヴィッド(2018)『人間知性研究』神野慧一郎・中才敏郎訳，京都大学学術出版会.
松田美佐(2014)『うわさとは何か――ネットで変容する「最も古いメディア」』中公新書.
水島治郎(2016)『ポピュリズムとは何か――民主主義の敵か，改革の希望か』中公新書.
ミル，ジョン・スチュアート(1971)『自由論』塩尻公明・木村健康訳，岩波文庫.
モンテーニュ，ミシェル・ド(1966)『エセー(三)』原二郎訳，岩波文庫.
ロック，ジョン(1974)『人間知性論(二)』大槻春彦訳，岩波文庫.

山田圭一
1973(昭和48)年生まれ．東北大学大学院文学研究科博士課程修了．
現在―千葉大学大学院人文科学研究院教授．
著書―『ウィトゲンシュタイン最後の思考――確実性と偶然性の邂逅』(勁草書房，2009年)
『これからのウィトゲンシュタイン――刷新と応用のための14篇』(共編著，リベルタス出版，2016年)
訳書―W. フィッシュ『知覚の哲学入門』(監訳，勁草書房，2014年)

フェイクニュースを哲学する
――何を信じるべきか　　岩波新書(新赤版)2033

2024年9月20日　第1刷発行

著　者　山田圭一《やまだけいいち》

発行者　坂本政謙

発行所　株式会社 岩波書店
〒101-8002 東京都千代田区一ツ橋2-5-5
案内 03-5210-4000　営業部 03-5210-4111
https://www.iwanami.co.jp/

新書編集部 03-5210-4054
https://www.iwanami.co.jp/sin/

印刷・理想社　カバー・半七印刷　製本・中永製本

ISBN 978-4-00-432033-3　　Printed in Japan

岩波新書新赤版一〇〇〇点に際して

ひとつの時代が終わったと言われて久しい。だが、その先にいかなる時代を展望するのか、私たちはその輪郭すら描きえていない。二〇世紀から持ち越した課題の多くは、未だ解決の緒を見つけることのできないままであり、二一世紀が新たに招きよせた問題も少なくない。グローバル資本主義の浸透、憎悪の連鎖、暴力の応酬——世界は混沌として深い不安の只中にある。

現代社会においては変化が常態となり、速さと新しさに絶対的な価値が与えられた。消費社会の深化と情報技術の革命は、種々の境界を無くし、人々の生活やコミュニケーションの様式を根底から変容させてきた。ライフスタイルは多様化し、一面では個人の生き方をそれぞれが選びとる時代が始まっている。同時に、新たな格差が生まれ、様々な次元での亀裂や分断が深まっている。社会や歴史に対する意識が揺らぎ、普遍的な理念に対する根本的な懐疑や、現実を変えることへの無力感がひそかに根を張りつつある。そして生きることに誰もが困難を覚える時代が到来している。

しかし、日常生活のそれぞれの場で、自由と民主主義を獲得し実践することを通じて、私たち自身がそうした閉塞を乗り超え、希望の時代の幕開けを告げてゆくことは不可能ではあるまい。そのために、いま求められていること——それは、個と個の間で開かれた対話を積み重ねながら、人間らしく生きることの条件について一人ひとりが粘り強く思考することではないか。その営みの糧となるものが、教養に外ならないと私たちは考える。歴史とは何か、よく生きるとはいかなることか、世界そして人間はどこへ向かうべきなのか——こうした根源的な問いとの格闘が、文化と知の厚みを作り出し、個人と社会を支える基盤としての教養となった。まさにそのような教養への道案内こそ、岩波新書が創刊以来、追求してきたことである。

岩波新書は、日中戦争下の一九三八年一一月に赤版として創刊された。創刊の辞は、道義の精神に則らない日本の行動を憂慮し、批判的精神と良心的行動の欠如を戒めつつ、現代人の現代的教養を刊行の目的とする、と謳っている。以後、青版、黄版、新赤版と装いを改めながら、合計二五〇〇点余りを世に問うてきた。そして、いままた新赤版が一〇〇〇点を迎えたのを機に、人間の理性と良心への信頼を再確認し、それに裏打ちされた文化を培っていく決意を込めて、新しい装丁のもとに再出発したいと思う。一冊一冊から吹き出す新風が一人でも多くの読者の許に届くこと、そして希望ある時代への想像力を豊かにかき立てることを切に願う。

（二〇〇六年四月）